青春版

读者 文摘精华

——那些年一起追的女孩

谢玲/主编

DUZHE WENZHAI JINGHUA

QINGCHUN BAN

NA XIE NIAN YIQI ZHUI DE NÜHAI

北京工业大学出版社

图书在版编目（CIP）数据

读者文摘精华：青春版. 那些年一起追的女孩 / 谢玲
主编. —北京：北京工业大学出版社，2015.8（2021.5重印）
ISBN 978-7-5639-4382-1

Ⅰ.①读…　Ⅱ.①谢…　Ⅲ.①文摘—世界
Ⅳ.①Z89

中国版本图书馆 CIP 数据核字（2015）第 161112 号

读者文摘精华·青春版——那些年一起追的女孩

主　　编：谢　玲
责任编辑：戴奇钰
封面设计：新纪元工作室
出版发行：北京工业大学出版社
　　　　　　（北京市朝阳区平乐园 100 号　邮编：100124）
　　　　　　010-67391722（传真）　　bgdcbs@sina.com
出 版 人：郝　勇
经销单位：全国各地新华书店
承印单位：天津海德伟业印务有限公司
开　　本：680 毫米×960 毫米　1/16
印　　张：11.5
字　　数：217 千字
版　　次：2015 年 9 月第 1 版
印　　次：2021 年 5 月第 2 次印刷
标准书号：ISBN 978-7-5639-4382-1
定　　价：28.00 元

守望幸福

（代序）

> 幸福很绚丽，等待或是经历它的人幸与不幸不可预料。守望幸福要珍藏起美好的回忆，在痛苦中释然、在绝望中坚强。

有两条鱼，生活在大海里。有一天，被海水冲到一个浅浅的水沟，只能相互把自己嘴里的泡沫喂到对方嘴里生存。这是"相濡以沫"的由来，也是很多人对幸福简单的定义。

幸福可以很温情。如果他和她相爱了，他们就可以一起营造幸福。他或许会工作很忙，他在外面可能酒肉穿肠，可能灯红柳绿，但他回家的时候一定会给她一个温情的拥抱。这个时候，她会松开他的怀抱，心甘情愿地去厨房，精心为他做些心意小吃。他爱她，她同样爱着他。

幸福的河岸上，我是一个垂钓幸福的人。你肯定也是。在做足了准备后姿势优雅地抛出长长的钓竿，栓系幸福的饵料，诱惑着等待幸福的人，"鱼"总是要上钩的，不在此时就在彼时。"鱼儿们"怎能抗拒这幸福的诱惑呢？

幸福虽美，也有遗憾。大千世界里，很多人随心情演绎着没有载体的故事，于网络里于现实中，没有主角或者化身。幸福的概念逐渐模糊，他们都说："幸福是需要浪漫的。"可是幻想中的浪漫永远无法下载到生活里。可偏偏都是一群贪图浪漫、只有幸福才能够喂饱的人，如此倔强地带着尚未醒还醉着的梦，仓皇逃匿那个抹杀了幸福的地方。选择虚幻来填充幸福的空缺，可是他们还是伤得那样真实。

我相信，幸福是一辈子的注定。相恋相依的人儿，承诺着天长地久，爱浓情浓。只是此时浸泡在蜜罐里不会明白，其实承诺在没有实现以前，和欺骗没有区别。彼时等待海枯石烂的誓言余音未了，而曾经谈风说月花前月下相爱的两个人却已分道扬镳。所有等待的幸福在刹那间变成魔鬼的誓言。像是让人别无选择，非进即退、非生即死、非上地狱即上天堂。像是注定了，花开了就要花谢、日出了就会日落，消散在昨天、今天、明天的时光隧道里。

有人说，懂得快乐的人会比较幸福。曾经经历一个朋友的故事，情节很简单。一个优秀的男孩，他深爱的女孩因意外离世，自此男孩痛不欲生、萎靡不振，男孩每天都沉湎在对女孩的思念和回忆中。后来一个懂他的女孩走进他的世界，试图用自己的温柔和爱去唤醒他，把他从痛苦之中拯救出来，让他振作。女孩不在乎他的冷漠，只是用自己的方式默默地去爱他。她相信，总有一天男孩会走出过去的阴影。可是她错了，不管她怎么努力，男孩一如往昔，每天对着离去女孩的相片发呆。她很伤心地决定离开他所在的城市。临走的时候，她跑到男孩的面前把相片框摔了个粉碎，对着男孩说："你就整天活在回忆里，活在痛苦中吧！"那一刻，似乎把男孩也给摔清醒过来，男孩明白，他不能再失去这个爱他的女子了。幸福很绚丽，等待或是经历它的人的幸与不幸都不可预料。守望幸福，要珍藏起美好的回忆，在痛苦中释然、在绝望中坚强。

我曾经很认真地问过别人，什么是幸福？答案包罗万象：平安是幸福、忙碌是幸福、简单平淡是幸福……

那么我幸福吗？习惯于黑夜，看着天渐渐亮，时间没有为我停留，我在不停老去。在幻觉中沉醉，却清醒扮演着被捆在分针和秒针上的虔诚信徒。很突然出现，很突然消失，很不安分。我会偶尔跟夜游的同类不着边际地说上几句，聊到某些话题譬如爱情时，会无声无息地离去。很多时候，在深夜看不同人写的文字。看着看着就像喝上几杯子几乎零度的白柠檬水，不觉酸意渗透身上所有毛孔。很享受那些略带忧郁颓废的诉说，我明显怀念着过去的纯真，甚至在追悼，发觉自己也在寻找着什么。幸福吗？

咀嚼着夜里青春，咀嚼着这凌晨三点残留的一份幸福。早晨醒来时，第一缕阳光仍旧尾随着我，虎视眈眈。明天将会更加幸福。

目　　录

第三辑　用心付出用心爱

目　录

第一辑
哪片天空属于我

爱上爱的感觉

> 亲爱的，我真的要告诉你，我爱上
> 爱的感觉了，那种酸酸的、一辈子也不
> 能忘记的穿肠入肚的感觉。

高二的时候我跟葛俊是铁哥们。

那时候正好我们5班分班了，（因为文理分班，班主任要去文科做班主任）。而我正好被分到当时的所谓6班，而葛俊正好是那时的班长，坐在我的旁边，久而久之就因为性格相近成了形影不离的死党。

星期三在食堂吃饭的时候，葛俊拉拉我的胳膊，小声地说，美女。我问，漂亮妹妹在哪里？我顺着葛俊手指的方向，一个长发飘逸，十分淑女的乖乖女、就这样阴错阳差地与我擦肩而过。上帝这么不留情面，不给我一个欣赏美女的机会，只恨自己的眼睛放电的速度稍嫌慢。

连续好几天，我们都碰到了那个漂亮妹妹。我在远处拿眼睛死死地盯着一本正经走路的她，期望她哪怕回过头或者给我们一个微笑也好，自始至终我没有目睹到天使的容颜，只留给我在染缸里染过的脑子里五彩缤纷的幻想，这些幻想折磨得我足足瘦了10斤。而她却像个寂寞冰冷的天使一样，眼光与地面平行，走路是不变的速度。

月考完的下午，我跟葛俊吃完饭去水池边洗碗。冷不防被葛俊推了一下。前面，你前面，她，她，葛俊小心地说。我抬头的时候正好跟她的目光撞了个满怀，我相信她一定听见了葛俊的话，她的脸通红，也不知道碗洗干净没有，扭头就走了。而我一点反应也没有，好像根本没有发生过。我心里说，她并不是我所喜欢的类型，我所喜欢的女生应该是——跟她眼神相撞的刹那，我的心却那么的平静，我开始知道我自己并不喜欢她。而葛俊每次都跟我说，放心，我有把握帮助你，不要灰心哦，而每次我的解释都变得多此一举，有点此地无银子的味道。葛俊只一味地以为我是喜欢她而不敢声张的人。他甚至夸下海口，一个星期内帮我搞到她的全部档案资料。

第二个星期五的晚上，葛俊扑到我的床头，神秘兮兮地说，大功告成，已经全部搞定了，你就等这请我下馆子了。那漂亮妹妹姓缪名雨菲，现在高三5班，目前没有男朋友。我"噢"了一下，并没有显示出一丝喜色，更不会欣喜若狂。

"怎么了，不高兴?"

"不是。"

"那是什么，还不请我出去大餐一顿?"

"我觉得我……"

"好了，就这样说定了，明天中午请我到红星，我去睡了，一会查房的老师要来，我得赶快闪。"

在此之前，葛俊一直以为我是喜欢缪雨菲的，其实我对她，纯粹是一种敬而远之的感情，自从真正看见了她以后。在此之后我被逼无奈，只得假装默认我是喜欢那个美女缪某某的。因为我知道即使葛俊再怎么有能耐也不可能让缪某某喜欢上我：第一，缪某某要高考没有时间跟我谈混球恋爱，这根本就不明智；第二，缪某某到了大学以后将会音讯全无，且那里的帅哥帅弟一把又一把的，哪里轮到我。

我给了自己两个这样的理由后，开始心安理得起来，仿佛一切都在我的计算内运作。至于那场请客，倒可以充当加深我跟葛俊之间感情的凭借，说来说去，咱也可以混个"嘴"熟。

但不知道为什么，以后每次见了缪雨菲，都要特别的注视一下，仿佛在鉴赏古玩，这种鉴赏的次数的增多，使得我疑神疑鬼起来，我怎么对一个我不喜欢的女孩做如此的姿态，难道仅仅是形成习惯后的习惯动作、表情。另外我做梦的时候总是很轻易地触碰到她，就像划了痕迹的DVD，画面闪了一下就不见了踪影，我奇怪为什么老是做这种毫无根据的梦。

期末考试随即跟来，幸好生活没有糟糕到透顶的地步。

我的成绩还没有坏到算坏的程度，尚有余地可留。

考数学的时候我提前半个小时交了卷，出来荡到操场。老远的望见缪雨菲从校长办公室出来。她不是高考了吗，怎么还来学校？

我目送她离去，我没有丝毫的侵犯的举动，甚至没有想过认识她。

一切即将恢复平静。所有的一切就会像夏天暴雨后的柏油路面，洗得一尘不染，不留痕迹，没有人再会去重播这样的故事，没有人知道我跟她之间竟然还有一段故事，只是这段故事属于我，不属于她。

暑假不是太令人满意，有些干热并且蚊子颇多。老师布置的夺命作业像一条条毒蛇在把我们的能量吞噬，我有些害怕状的发抖。那个关于缪某某的故事已经被丢弃在记忆的 10 万光年外。

开学了，我又像缪雨菲没有出现之前一样生活，学习，我也不再想起她。过去就像没有发生一样过去了。

奇迹或者说是机缘只有千万分之一的概率才会发生，但是它偏偏发生了，发生得让我措手不及，手忙脚乱。

开学的第三个早自习，我刚一路十八弯的弯到教室，坐到座位上，屁股还没有热，葛俊侧过头说：你看你后面，谁来了？

我才发现后面竟然多了张桌子，第一反应是来复读的，但是葛的提醒，让我禁不住回头望了一眼，这一望不打紧，我差点跌了个底朝天。

"缪……缪……雨……菲怎么在……在在在后面？"

"她来咱们班复读，你不欢迎吗？"

"自然是欢迎，不过最好不要搞得天下大乱？"

"你在小声嘀咕什么？"

"我说，复读好，复读好。"

"好个屁，上天注定了你们的姻缘，这次可不要放弃。"

我没有作声，高声地朗读起英语，时不时地偷偷拿眼看她，有几次竟然被她看见了，弄得我很是尴尬。

没有多久竟然全班都在传播着我喜欢缪雨菲的事情，弄得我坐在前面坐也不是立也不是，总觉得后面有什么在注视着我，我害怕极了。

我跟葛俊解释，我不喜欢缪雨菲。

那你拿眼偷看她作啥。

你瞧见我哪只眼睛偷看了。

总之做的事情自己要负责要敢于承认。

我晕晕的，无话可说。

这样过了几天，我又好奇地拿眼睛看后面的缪雨菲，她在后面从来不跟人说话，要说话也是跟班长葛俊了解点什么，我倒觉得她跟葛俊挺合适的。

正好她也拿眼睛望我，脸红扑扑的，当然那样的风言风语她是不可能不知道的。看见她这样，我的心里突然有种又酸又甜的感觉。对于这种感觉我变得越来越爱起来。我不知道我是否喜欢她，但是我知道我喜欢这种感觉，看见她脸红、我心跳的感觉。

我开始迷恋起这种感觉，每堂课都要看她好几次，而她总是默默地看着我什么也不说。

葛俊说，看来你要喜欢一个人喜欢疯了。

我又解释，你不懂，你不会懂的。

葛俊叹叹气，你还是向人家表白为好，这样算什么，人家算什么。

我写了首情诗悄悄地递给了她。

我没有收到回应。

我开始主动跟她说话，可是她不理我。

我想尽了法子。我拿不会做的数学题给她做，可是谁知道她也不会做，什么也没有说就扔给了我。

从那次以后我的那种难忘的感觉开始减退，我看见她的眼神也开始忧郁。我知道一个复读生意味着什么，如果说是我在阻碍她的前程，如果说是我在毁灭她美丽的梦……

在三个月后，我被班主任找了去谈心，理由是我的学习成绩大幅度下降。

这些天心情不好？

也是，为了写诗哪里有心情学习，我看你完全可以去做一个文学家。

你上课的心思哪里去了？

你一堂课回头多少次？

你家电话号码是多少的？……

不要呀，我保证……

我开始连续得把头埋得很低，把那些晦涩难懂的经持续并且保持高度热情地读下去，看下去，直到我把那些跟我一起目前还是阶级兄弟的朋友，同学，挤落独木桥下。我才得以喘气。

某天我从黑板前直线走回座位的时候，才发现我后面的一张桌子消失了。

我发现的时候已经在两个星期后，至于她在两个星期里哪天消失的我一点也不知道。

而我为了弥补过错诚心念佛吃素，只要葛俊说起缪某某的名字或者关于她的事情我都蒙上耳朵。

缪雨菲走了，后来听说换了个学校复读，是我们班主任搞过去的。

我还能说些什么，只是怀念那一刹那的酸酸的感觉。

后来当我考上了大学，班主任笑着问我，还想知道缪雨菲的地址吗？

我脸一红，笑笑。

直到现在，我仍然没有跟她联系，虽然我知道她在哪个学校。

但是，亲爱的，我真的要告诉你，我爱上爱的感觉了，那种酸酸的，一辈子也不能忘记的穿肠入肚的感觉。

幸福三叶草

> 我跟着火车跑了一段，直到目送它成了地平线上的一个小黑点，才不舍地转身离去。

一

十九岁那年，妮妮乘着太平洋上的飓风，夹带了撒哈拉沙漠热情的狂沙席卷进我的心。顷刻间，一个时常还偷偷用袖管擦鼻涕的懵懂少年突然发觉：原来天可以这么蓝，树可以这么绿。

我和阿加差不多是同时看见她的。说实话，要看不见也难。在一大堆入学新生里头，她有一个扎眼的非洲头。

"难看死了。"阿加当即做出评判。

说归说，我们谁都不情愿把眼睛从这个小个子女生身上移开。

阿加和我得了很多机会跟妮妮在一起。学校地质勘探队里，我们三人同在一组。阿加是后来报名加入的，死党六年，我竟然一直不晓得，原来他也对石头感兴趣，直到认识妮妮。

我们的小组讨论开始并不太平。阿加、妮妮，这两个人的意见总是相左。抬杠、抬杠，没完没了地抬杠，我自然成了拳台上的裁判。

"烟，"妮妮向我伸手。

她说烟能增加剧情感、威慑力，能帮助她首先在气势上压倒对方。

阿加怪叫。他是最不能忍受年轻女性抽烟的。尤其当着他的面；尤其，烟还是从鼻孔里喷出来的。

"算了，"我私底下劝他，"她不过是烧烟，哪里真会抽呢。"

"浪费，是极大的犯罪。"阿加咬牙切齿。

地质队第一次活动去的是张家界。

茅沿河的山水号称小桂林。在这种湖光山色当中，谁还会一门心思去解读岩页、分析沉因呢。妮妮最兴奋，一路尖叫着，一会儿钻洞，一会儿爬山，高兴地上蹿下跳。

河边有一艘小船，船家很客气，只要了很少的钱便答应带我们做漂流。

三人聚在船头。吹着清凉的风，呼吸着充满负离子的新鲜空气，妮妮和阿加的抬杠总算暂时打住，我们屏息瞻仰大自然的鬼斧神工。我帮妮妮照相，左一张、右一张，妮妮宽大的红 T 恤在青山绿水之间分外夺目，看得出来，阿加也很有些心不在焉了。

河水不深，但亿万年孕育在河底的热忱却曾颠覆过两岸的大山，山边滚热的泉水便是岩熔迸进的铁证。我们央求船家靠岸。这里是游客不到的地方，山居的村民来温泉边洗衣泡澡。妮妮追着山妹子买苹果，打湿了帆布球鞋，她说："不如我们泡脚吧。"

清泉汩汩而出，温度热到刚刚好，人受得住。温泉上盖有没顶的屋棚，全部用水泥墙隔成小间。听到妮妮的叫声，我知道她就在隔壁，于是探过头去。

"哇，好爽！我还是第一次在蓝天白云底下洗热水脚咧。喂！成斌，天黑我们来洗澡好不好？"

我的视线刚巧落在妮妮浸泡在温泉里的光脚上，一双光洁的玉足，腻白的脚踝纤细精巧。我忽然忍不住往下咽了一口口水，弄出"咕嘟"好大一声，我不由红了脸，但愿她没有听到。

"反正，我是要来的。"妮妮尚在这呀那呀地自说自话。

我们是一起出发去洗澡的。为避嫌，三个人分了三个角落，离得远远的，谁也看不见谁。洗完澡，我绕温泉窝棚转了一圈，却没有找见他们——阿加和妮妮。

一定是早回去了，我心想。奔回小旅馆，也不在。账台上好心的大妈用手指指旅馆后的凤尾竹林。

夜风吹过，竹叶沙沙。林间小路上，走来阿加和妮妮。我看到他们手牵着手。

二

这后来的每次地质小组活动，我都对自己说：成斌，你该退出。可是阳光总是照得到妮妮坐的那个位置。金色的阳光里，她长长的扇子般的睫毛高高翘起，一忽闪一忽闪，好像振翅欲飞的蝴蝶，叫人看得迷糊。

妮妮的头发长了，直了，漆黑发亮；圆圆的粉红色小花裙下面，一双小腿均匀细长，妮妮永久性地告别了卡其裤帆布鞋的年代。我总是第一个欣喜地发现她的美丽，虽然我也痛苦地明白，这美丽并非为我而绽放。所以有一天，当我从妮妮的眼底看到泪，看到她幽怨的大眼睛湿湿的漫起水雾时，我的心，整个都被揉碎了。

那是又一次的小组活动，我到得晚些，刚走到门口，便听见屋里传出妮妮尖利的说话声。我诧异地停下步子，她已经很久都没有这么大声了。

"不！你不能走！"

"你别叫了好不好？"阿加不耐烦得很。

我正在踌躇间不知是进是退，猛的，妮妮夺门而出，险些跟我撞个满怀。

"妮妮！"阿加和我同时失声高喊。

阿加没有追，是我追上了妮妮。

"妮妮，等一下妮妮！你怎么了？是不是阿加欺负你？告诉我，我帮你教训他。"妮妮转身扑倒在我怀里。

没想到，她变得这么瘦。

我轻抚她颤抖的双肩。妮妮尖锐突出的肩胛骨刺痛着我的神经，原本多丰盈快活的一个女孩子呵。怎么爱情总是伤人呢？得到的也罢，得不到的也罢。

阿加要走，说是去做山区小学教师。我问他哪个山区，他说大致是在安徽和江苏交界的地方，具体方位说了我也弄不清楚。学校方面已经答应替他保留学籍，直到他回来的那天。他说他已经想明白了，多读两年书，不见得能给他个人多增添任何东西，可是山里的孩子们在等着他。两年，他能悉心培育多少播撒下的种子啊。

阿加交代得利落干脆。

凭着这么多年的了解，我知道他是决意要走的。

"你的学位……"

"我不是保留学籍了么。要拿学位，将来有的是时间，多少都可以。"

"那妮妮……"

他不作声了。

阿加一走，我对妮妮的心意自然有死灰复燃的机会，可在这节骨眼上倒惦记这些，太卑鄙了。我恨不得捶自己两下。

"成斌，"阿加忽然握住我的手，"好好照顾妮妮。"我重重地点点头。

他眼中两簇火苗跳动着，异样地烧灼到我，叫我痛楚万分。

阿加走了。

我并没有如阿加所设想的、自己所盼望的那样放纵对妮妮的感情，相反，对于妮妮在阿加走后有意无意的疏远，我甚至暗自有种庆幸。我已经习惯了在无人注意的角落静静关注。

"我要唱最后的恋歌，
像春蚕吐最后的丝。
想你美丽的前途无限，
而我可怜的爱情并不自私。"

三

黄昏，妮妮一定去操场的南草坪散步。

第一次，假装偶遇；第二次，假装邂逅。渐渐的，妮妮不再堆起笑脸说："真巧啊，这么巧。"我们沉默着，并肩从落日余晖走进满天星斗，从深秋走进严冬。

冬天过去，春日来临。

有一天，妮妮指着脚边的青青小草忽然说："瞧，三叶草。"

"知道吗？"

"什么？"

"如果能找到四瓣叶子的三叶草，那就是找到了幸福。"

我默默注视夕阳里的妮妮，那双沾了金光的睫毛，依旧扑闪扑闪展翅欲飞。

后来我们再相遇时，我正趴在草地上埋头苦干。

"这里可没有方解石哟，成斌。"妮妮戏谑着。天，她笑了，她有多久没笑了呀。我呆呆地仰着头，一时不晓得如何应对。

她蹲下身："掉东西了吗？找什么呢，来，我帮你一起找。"

"三叶草。我正在找四瓣叶子的三叶草。"

"你找它做什么？"她微微有些变了脸色。

"送给你。"我实在抑制不住自己，脱口而出。

刹那间，妮妮的眼神定格在我脸上。经过一季严冬，她的双眸奇迹般解冻了，亮晶晶，温柔得一池春水一样掬得起来。

学校操场的三叶草堆已经被我们翻了个遍，我们开始向校外发展，公园里，高岗上，小河边。四瓣叶子的三叶草，始终没有找得见，可是我始终有种错觉，好像一个不小心，它已经飘落到我的衣袋里。

当冬天再来的时候，我的脖子上围上了妮妮打的围巾。我的心里热乎乎的，因为她说，赶在春寒到来之前，她还要打一件毛衣给我。妮妮一边比我的尺寸，一边自言自语地说："要快、要快，不然就来不及了。"

我满含喜悦地静静凝望着妮妮两只忙碌的小手，什么都没有说。那一瞬的平静里边，包含了太多的爱，太多的满足，还有感恩。

我其实无意于把妮妮培养成贤妻良母，可她总是那么固执地为我做这做那。和她现在的直发长裙相比，我大概更中意她穿卡其裤、留非洲头吧，那么放肆，那么有生命力，自然得好像村寨里升起的袅袅炊烟。偶尔跟她提过一次，她笑笑："女孩子，总有一天要变成女人的。"

"妮妮，这样下去你很快就会把我宠坏的。"

她不答，只轻轻巧巧地笑一笑。这大概就是女人和女孩的区别吧，我略带惆怅地叹息：妮妮，长大了。

毕业在即，每个人都为工作的事忙得人仰马翻，包括妮妮和我在内。我们已经不止一次地在一起憧憬过将来。我发誓，将来一定要赚很多很多的钱，好叫我的妮妮幸福，让我们的家庭之舟平稳。

妮妮倒很冷静，她说自己已经对清贫的生活安之若素，只要能守着彼此就好。说这话的时候，她一双黑白分明的大眼睛清澈见底。

我在她面前总是自惭形秽。

我跟妮妮无话不谈，只有一件事，我一直瞒着她。我在偷偷存钱，预备毕业时送她一份终生难忘的大礼。这件事情我已经酝酿了很久，妮妮到时候该有多么吃惊、多么快活呵。我的毛衣，妮妮的礼物，我们未来幸福的小家，一想到这些，我就不禁眉飞色舞。

四

三月的天气说变就变。转眼就是料峭春寒，可是妮妮为我打的毛衣，怕是永远也上不了我的身了。

阿加回来了。

他是带着山沟沟里的一路风尘回来的。几十种课外读物，上百本练习册，成打的铅笔、橡皮、三角尺，一张清单朝我面前一扔，他便倒在我床上，直睡了一夜一天。

很明显，阿加瘦了，也苍老了许多；不过双目炯炯有神，劲头倒是不减当年。一觉醒来，他直嚷嚷肚子饿。

一斤酱牛肉，半斤花生米，一打啤酒。我们准备秉烛夜谈。

"来，喝这个。你那个，没劲！"他拿出个玻璃瓶子，"是山里大枣自酿的，厉害着咧。七十多度你信不信？"这个阿加啊，硬是不改当年豪情。

小半瓶白酒下肚，阿加的脸喝得通红，关公似的。"来，兄弟，再干一杯！"

这时候门响了。

"我去开。"我离席，犹豫了一下，还是回身告诉坐在对面的阿加，"是妮妮。"

听到妮妮两个字，他惊跳了，马上脸色剧变："你叫她来做什么？"

是我叫妮妮来的。

一是因为，妮妮、我、阿加，我们三人曾经一起度过美好的岁月；二来，即便抢了人家的女朋友，阿加到底是我兄弟，我不想做些不明不白的勾当；第三，我猜，妮妮跟我一样，也是一直惦记着阿加，从没有忘记过他。

妮妮不声不响地先取过两只盆子，把买的卤菜倒出来：红油凤爪、凉拌海蜇。我点头，这是我们仨当年最爱吃、也最常吃的。

"来，为我们的重逢，干杯！"我举杯。

妮妮跟着也举起杯子。灯光下，阿加的手着实抖得厉害。

"还是喝白的吧，混酒容易醉。"我好意劝他，可是没劝得住，他一口喝干了整杯啤酒。

"这杯子太小，不爽。成斌，还是老规矩，吹喇叭，不倒下不算。"说着，他动手把面前的啤酒分成两堆。我看他是有些醉了，袖管险些带倒酒瓶。妮妮赶紧去扶，却被他一掌推开。

"走开，女孩子家，没你什么事儿。今天，是我们兄弟两个喝。来成斌，干。"

妮妮伸在半空中的手不知如何是好，我看她勉强挤出的微笑也僵在唇边。慢慢的，许久不见的水雾，又开始升腾、弥漫在她眼里。我有心要宽慰几句哄哄她，碍着阿加，舌头竟像打了结。三个人闷闷的，只管低头干坐。

半天，一滴泪，无声的跌落到桌面上。

是妮妮的。

我鼻头一酸：这么久以来，妮妮只一味地笑脸相迎，从没有为我掉过一滴眼泪；这小子刚回来，才见面就惹得她梨花带雨。

此时，阿加的脸色已由红转青，靠近妮妮的一只手用力扳住桌沿，指节都有点灰白了。

"阿加，你醉了。"

"那我先走了，你们也早些休息吧。"妮妮乘机起身。

我送她到门口，低低的声音嘱咐她："路上小心，今天不能送你了。"说罢轻轻握了握她的手，她的指尖冰凉。

"唔，我会的。"她条件反射似的把手从我的掌心里抽出去，两颊抽搐了一下，仿佛是想做一个笑脸，不过没成。望着妮妮远去的背影，那么小个子，不知怎的，看上去竟有些佝偻。我的心沉到谷底。

半夜阿加起身倒水喝，不小心踢翻了凳子，我睡眼惺忪地扭亮台灯，却见他傻愣愣地蹲在地上发呆。

"阿加?"

"没事。"他迅速立起来。

"阿加，"鬼使神差，我问了他一句最想问又最怕知道答案的话，

"你，是不是还爱妮妮?"

他耷拉下脑袋不说话。沉默了半晌，忽然开口:"爱有什么用。我什么都不能给她，跟着我只会吃苦。爱，有什么用?"这样万籁俱静的夜里，他的声音大得起回音，久久地在我心里震荡。

趁阿加去火车站买回程票的当儿，我跟妮妮帮他打行李。房间里寂静无声，只剩下不时抽拉捆扎绳子的悉悉唆唆。

思前想后，我终于鼓起勇气正视妮妮:"要是爱他，就跟他去吧。"

妮的双手停下了，她直直地瞪着我，目光，从怀疑到不解，从犹豫到确信。然后一下子，大滴大滴的泪珠夺眶而出。这是妮妮第一次为我流眼泪，偏偏是为了感激我劝慰她回到阿加身边去。唉，我转而苦笑，谁叫阿加是我兄弟，又是她难以割舍的心上人呢。这小子可真是有福了。

我去火车站送行。

妮妮又穿上了卡其布长裤。我重重地拥抱她，又重重地拥抱了阿加。我听到自己哽咽着对他俩说:兄弟一场，你们是我今生最爱的人。

晨曦里面，妮妮的一双眼睛映着朝霞，金光灿灿。她朝我作怪地挤挤眼睛，又特意用手轻拂颈项。是了，红丝线下坠的，正是我偷偷预备了很久的礼物:一片金色的三叶草，四瓣叶子的。

"要分开了，也不晓得几时才能再见。看到这个，好提醒你，叫你们时时想到我，谈起我。另外，"我涨红脸，粗着脖子，说出底下半句相形之下，我觉得更要紧的话，"这是千足金打的。阿加是个浪漫的理想主义，从来不算计柴米油盐。你把这个带在身上，一时用得着了，也好解解燃眉之急。"

我说过，我在妮妮面前，总是自惭形秽。

她笑着歪了脑袋想了一下子，才点点头，郑重接过去。我悬着的一颗心重新放回肚里。

"我收下。这礼物太贵重，你放心，我不会让它进当铺的。"

这就是我和妮妮最后一次单独会面的最后几句话。

火车动了。"来看我们！"阿加和妮妮朝我快活地挥手致意。我跟着火车跑了一段，直到目送它成了地平线上的一个小黑点，才不舍地转身离去。

妮妮，就这样永远地离开了我。

五

送走妮妮和阿加，我开始着手收拾行装。

终于，要告别象牙塔了。新的生活就在前面，可我还是抑制不住内心惆怅，小心收拾起每一本书每一张照片。光是四年的地质小组活动记录，就有厚厚一大摞，那些美好的岁月呵。

信手翻看，最先映入眼帘的，竟是初初苦恋妮妮时抄录的诗句。

纸已泛黄。

"我要唱最后的恋歌，像春蚕吐最后的丝。……"

啧啧，酸得不行。

我咀嚼着柔情万种的句子，忽然间醍醐灌顶般的顿悟了。

妮妮找到了梦中的三叶草，而幸福，也确实永久地留在了她的身边。

爱，是自私的

她读懂了他的心事，她喜激而泣，紧紧地抱着他，就这样，他们在历经阻碍后相爱了。

他们都是大学里的同学，小刚和他是非常要好的朋友，而且都很瘦，长得也很像，学习也很好，在老师眼里，他们都是出类拔萃的。她跟小刚是小学时候的同学，是一个地方的，也许是一起长大的，或许是一种缘，小刚喜欢她，但她并不喜欢小刚，出于大家同一个地方的，她不想伤害小刚，又不知如何是好，只好听天由命。

一晃一年多过去了，小刚以老乡为由照顾她，而小刚同他还是很要好，什么话都对他说。他们经常一起玩，是她、他、小刚和她的一个闺蜜。他知道小刚喜欢她，他想帮她，但不知如何帮。每次在一起玩时，她总是用那双通透的眼睛望着他，好像在暗示着什么？但他不敢想，他和小刚的所在地是一个城市的两极，两人是在一次学术讨论会上认识的，从那时起，他们成了无话不说的朋友，他们彼此之间是没有秘密的，但在这点他却不敢对小刚说，他知道他已爱上了这个女孩。每次在一起时，他总是给小刚和她创造机会，但她总是不以为然。一次小刚写了一封信，是情书，写给她的。小刚想请他帮忙送给她。刚开始他不想，他知道爱情是自私的，是不能寻求帮助的，她会认为小刚软弱，更加看不起小刚，何况他也很爱她，这也是他不愿帮小刚的原因。但颇与好友之间的面子，他不忍心拒绝小刚，只好硬着头皮把那封信交给了他也爱着的那个女孩，是在一个晚会上交给她的。

记得那天是周五晚上，学校开舞会。那晚她穿着一身红色的连衣裙，她皮肤配上一套红衣的连衣裙，很是得体。他的舞跳得很好，是学校公认的舞王子。于是他请了她跳舞，他不敢对她说很多话，因为小刚一直盯着他们俩，她问他什么，他就回答什么，好像是老师问学生。一曲舞快结束时，他把小刚的那封信递给了她。她当时很激动，以为是他写给她的，但不是。她迫不及待地走到晚会隔壁的休息室打开了那封信，她惊呆了，她很失望，眼泪一点点流了下来，幸好休息室没人，没人注意她，但小刚和他一直在注意她，小刚以为她收到了他的信而激动，但不是，她不爱小刚，从小就不喜欢她，她是为他替小刚送信而感到痛苦。她恨他，为什么这封信的主人不是他呢？

好久一会儿，她走到他面前想跟他谈谈，他有点不情愿，毕竟这不关他的事，他不想让小刚误会，但迫于面子，他去了，地点是学校前面的鱼塘边。见面时他什么也不说，就像是做错事的孩子，默默地望着草地上碧绿的青草，内心一片空白。她有话说，但也不知如何开口，他们在宁静的池塘僵持了很久，还是她先开的口。她问他爱不爱她，为什么替别人送情书，又为什么这封信的主人不是他呢？他无言以对，毕竟他也是不情愿的，在他内心深处对她也有种说不出的感情，他很想与她在一起，但脑子里有个声音提醒他不能让他喜欢她，因为小刚是他的朋友，他不能伤害朋友，他内心很痛苦。他默默无言地看着灯光映在水面上鱼儿搅动的波纹。她又问他，小刚为什么不亲自将信给她。他看着她那双焦急而又充满泪水的眼睛，不知说什么才好。他想了一会儿说："因为小刚是我最好的朋友，他请我做的事我不能做。其实我很坦白地告诉你，我喜欢你，但我们不能在一起，因为我不能伤害他……"他将内心深处所有的话都说了出来，说完后他很茫然，毕竟不想伤害自己喜欢的女孩，只不过不想承认罢了。她却很高兴，泪水从她的眼角流了下来，她知道这是幸福的泪水，她等的就是这句没头没尾的话。她说："爱情是自私的，你要学会自私点，它不是礼物，不能任凭你推来推去。"其实他也想过，小刚也暗示过他，但小刚说："朋友之妻不可欺。"他知道她现在毕竟不是小刚的妻子，可小刚早把她当作自己的妻子般看待，他也就把心底话放在了心里，这对他来说是不公平的，但他不想伤害与小刚之间的友谊。今天她明白了这一切，她不怨他，她想找个机会好好跟小刚谈谈，她想让小刚知道爱情不是礼物，是心灵的感应，那晚他们很安静地回到了宿舍。

第二天，她找到了小刚，小刚以为是她接受了他，他知道不是。回来后，小刚带着伤痛把事情的经过全告诉了他，而且很痛苦，这些都是他意料到的事，他想安慰小刚，但不知如何开口。其实他比小刚更痛苦，毕竟小刚敢向自己所爱的人发起攻势，而他却像个胆小鬼，他曾恨自己与小刚爱上了相同的女孩。小刚说不希望他爱她，更不希望他搅进来，他默默地看着小刚，并答应了小刚，他感觉小刚很自私。

下午，他收到了一个女孩送来的信，是她写的，字里行间全是对他的鼓励和对他的爱，并约他晚上老地方见。他不知所措，他不想伤害她，也不希望小刚伤心。晚上，他很晚才来，她已等很久了，他希望她早些离开，他不想见她，因为他怕伤害她，可她偏偏没走，还是坐在那天他们相见时她原来坐的位置，他很彷徨，也很无奈。

"我已跟小刚说清楚了，你不必内疚了，我们相爱吧?"这是她见面时的第一句话，她是个很直接的女孩，这也是他喜欢她的原因之一。但他还是很沉默，眼神很凝重。"你真的喜欢我吗?"她终于沉不住气了。"不知道，还没考虑清楚。"他不知怎么回答她的这句话。又过了一会儿，她说，是小刚让他不喜欢她的，对吗?他实话对她说:"是。"她很伤心地说:"难道你是为他而活的，你还算不算男人，为什么只为别人作嫁衣。"他无语，因为他很伤感，这些都是友谊惹的祸，他不能做背信起义的人，也不想背叛自己的爱情。他很矛盾，他请她原谅他，因为他现在唯一能做到的就只是这些。

从那以后，他经常独自一人默默无言，她也是一样，彼此都很牵挂着对方。终于，他忍不住想找小刚好好谈一次。那次，他把隐藏很久的话说给了小刚听，小刚当时不明白，也很难接受，为什么自己最要好的朋友喜欢上了他爱着的女孩，小刚愤怒地打了他几巴掌，一气之下，小刚与他断绝了朋友关系。他很失望，也很悲伤。后来这件事被她知道了，她约了他，还是老地方。见面时，她读懂了他的心事，她喜激而泣，紧紧地抱着他，就这样，他们在历经阻碍后相爱了。

装得下爱情的袜子

我身边的三个人我再也无法面对，而对黎明，我更说不清是哪种情愫在作祟。

"女人的品位看鞋子，男人的品位看袜子。拜托你用脚指头考虑一下好不好?"

按照莓子的说法，安预正是那种不入品的男人，西装笔挺，脚裤边却脱了线；鞋子锃亮，袜子却不相配。

"可是哪个男人能有你这么多布波逻辑？"我嘴上替安预强硬着，心里却涌上了些许郁闷。俯下头把那 11 朵玫瑰摆弄到风情的极致，回眸掠了一下长发："我去送花了"。

"好，拜托一定把那个女人看个仔细！"莓子一字一顿恶狠狠地说。

索菲特 B 座 1017，顺着前台小姐冷冰冰的手指，我拐进了一间精致得让人恍惚的办公室。

我逼着自己巧笑倩兮："我找林芳菲小姐。"

"我就是。"一张打理得风光无限的芙蓉面抬了起来，眼神里透着点到为止的矜冷。让人觉得，无论是在情场上还是在谈判桌上遭遇这个女人，都会是场难分难解的杀局。

"有位不愿透露姓名的先生让我把这捧花送给您。"我小日本似的鞠了一躬，侧身退了出去。

在关上房门的那一刻，我瞥见林芳菲的芙蓉面上没露出一丝笑意。看来收花在这样的美女眼里不过是再寻常不过的下午茶。

杨黎明绝对可以称得上是个离子烫男人，长睫毛下的黑眼睛经常烫烫地放着惹火的冷电，让人冷不防就会爱上他。欧版的休闲装经常偶傥得过分，穿正装的时候又总忘不了配上得体的袖扣。一年四季都会要我把香水百合送到他办公室。所以当一贯高调的莓子发痴发颠地迷上他时，我一点都没觉得奇怪。同样，当莓子翻江倒海地向我诉苦杨黎明有个现在进行时的正版女友时，我一点也没觉得诧异。天生就有这种男人是值得女人倒追的，精明如莓子，也不免要花痴一般的秀逗起来。莓子的论调是："遇到这么诱惑的男人，不爱上一场简直要可惜到天堂里！不过倒追这样的男人一定要心思用得巧，做得明了就没味了。"真够布波！除了让我义不容辞的竖起一对同情耳外，还责无旁贷的答应帮她去实施离间计。

第一步是送花，送花虽寻常，可莓子说："我以每日一束的玫瑰攻势替莫须有先生送给她，不免也会让她盲目的自大一下吧？没准就会因此点燃他们两个矛盾的导火索呢。"

而据我替莓子每天观察回来的芙蓉面上的爱情别扭指数分析，林芳菲的嘴角已经开始展露甜蜜的涟漪，这说明她已经有一点动心了——在这个狠得下心就能捡到金的花花世界里，真说不准会有哪个早就钟情于她的男人比杨黎明还钻石。

与此同时，莓子开始有意无意地延长逗留在办公室里的时间，莓子说：没准他们会吵架吵上个天翻地覆？杨黎明会即兴想找个人来排解一下？

第二步是送礼物，这当然要别具匠心，得能证明那个莫须有先生对林芳菲有多用心，还得能体现出来那个莫须有的金领身份。早就约好周日陪莓子去选，这小妮子却发烧发到38度，有气无力的重托我一定要帮她选好——她的林情敌快过生日了，这可是个不得多得的离间妙机。无奈之极的我只好拉着安预去贵和。等闲我是不来贵和的，这里属于备受精品男人宠爱的花样女人。像我等草辈，一向嫉而远之。

在一个光华璀璨的首饰橱窗前，我站立良久，那条吊着一只碎钻小鞋的铂金项链不偏不斜地击中了我心：美奂美仑的七颗小钻皮，施了魔咒一样的流光溢彩。仿佛只要佩了它在颈间，就会立刻得到灰姑娘的运气。偏过头，我含情脉脉地盯着安预："如果我想要这只项链，你会不会送给我？"

"小姐，你醒醒脑好不好？两千多块！我们一个月都不要吃喝拉撒睡了！"安预的眼瞪得比小鞋上的钻皮还亮。

"可是我就喜欢这个嘛，就这一次好不好？等我们结婚的时候我就不会问你要钻戒了。"我耐住性子撒娇。

"钻戒钻戒！天天念你的钻戒经！你以为我们是在演电影啊？乖，我请你去喝咖啡好不好？"安预摆明是在转移话题。

喝咖啡通常是安预安抚我的最后一招，也是唯一的一招。他好像一直都不肯费点力气去了解我想要什么。真搞不懂我当初怎么会喜欢上他这张白痴一样的帅脸。在安预看来，我的要求都是极端孩子气的，他根本不知道，其实他只需表现出一点情趣给我一点浪漫就可以了。

但我还是习惯性的妥协，默默的点点头，视线黯淡的落到他毫无章法的袜子上："我给你买双袜子吧？卡丹的在打折。"

"省了。够我吃十次盒饭了。"安预的脸怎么看怎么都是毫不领情，我在心里重重地叹口气。

请示过莓子，我买下那条项链，配上 101 朵玫瑰隆而重之的送给了林芳菲。这一次，她是当着我的面就迫不及待地打开了："小姐，可不可以告诉我你是受谁所托？"她的眼里闪着做梦一样的光彩，莓子的论调真要命的没错，被挑逗起憧憬的女人是最美的，美得像在犯罪。

"我想，他应该更希望由他自己来揭开谜底。"我想，我也给了她一个最标准的回答。

好戏就要开场了。

莓子的手机老是不在服务区，打到她家没人接，那么她是病好了在公司泡呢。我迫不及待地要赶过去告诉她这个新进展——让她务必提前做好准备。顺便带给杨黎明新一天的香水百合。

莓子的公司我轻车熟路，进去转了一圈了才发现她根本没在。我纳闷地拍着发烫的脑袋，却猛地听到一个正在咆哮的声音："林芳菲我告诉你，我们之间完了！你别有个把追求者就扬风乍毛的拽！我早就受够你了！"

然后是猛扣电话的声音，杨黎明施施然的跺了出来，面色就像个刚睡醒的婴儿："藤藤，是你啊，陪我去喝杯茶好不好？"

"哦，好啊。"情节的发展闪回让我有些发蒙。

日式的白鹤茶艺，暧昧得就像莓子早规划好的场景。幽幽的烛火，摇曳着如在诉说一千零一夜的秘密。"其实早就想约你出来喝茶了。"杨黎明的笑容出气的宁静，很体贴地替我把外衣挂到衣架上。一双穿着浅灰色卡丹棉袜的脚温柔的踩过榻榻米，塌陷一样的踩疼了我的心。茶水袅袅的飞着热气，一排十数个围棋子大小的茶碗，杨黎明钢琴师一样细长白皙的手指冲我一伸，绅士版的一个"请"字吐出来，我就一个字的解释都说不出来了。

浪漫得就像在做梦。

四周的场景都在眩晕。

那晚，我们在杨黎明的公寓里极尽激情四溢之能事。到第一道牛奶白的太阳光射到落地的玻璃窗里的时候，我猛地醒过来，起身看了看尚在熟睡的黎明，他的脸俊逸得简直让人发狂。我的泪，悄悄地滑了一地。

想了想，我把他的袜子偷了一只藏在包里，悄无声息的溜了出去。

我知道，偷来的铃铛总是摇不响的。

我在我的花店外贴上了"转让"的广告，开始回到我的住处收拾行李。心里酸酸的就像堵了一团没泡开的茶。我再也无法面对身边的三个人，而对黎明，我更说不清是哪种情愫在作祟。

我只知道，我的心，很酸，很疼，很茫然。

手机突如其然的响起，是黎明："藤藤，我想见你。"

"对不起，你打错了。"

"藤藤，你听着，我是认真的。我这就去找你！"

"不，不许你来找我。"

"不找你，找一只装得下爱情的袜子好不好？"泪眼蒙胧地抬起头，黎明峻拔的身影已经站在我的面前。

于万万人中遇到你

> 她总做着那个奇怪的梦：一座孤岛上，她与他相遇，他握着埙，坐在水边吹，转瞬却一片雾起。
>
> 有时相遇后，错过便是千山万水。

一

苏小若和曼丽，是同时认识罗烨的。

大学校园的忍冬树下，有男生在吹埙，蓝衣白裤，手握之处，有声音，似小蛇，冰冰地游出。这样一种奇特的乐器，这样一种奇特的声音，一下子击中苏小若。曼丽悄声对她说，天哪，小若，这莫不是传说中的白马王子？这个王子我追定了。

苏小若和曼丽很快知道，吹埙的男生叫罗烨，中文系的，念大二，和她们同级。

回到宿舍，曼丽缠着苏小若给罗烨写约会信。苏小若说，万一人家有女朋友了呢？曼丽说，那我就跟她公平竞争。苏小若被她缠得没办法，在纸上写上这样的话：罗烨，我喜欢你，喜欢你的埙。想一想，她又特别在右下角画了一朵忍冬花，细碎的小花瓣，很温柔的模样。曼丽握了纸条跑出去，苏小若以为她是心血来潮。彼时，曼丽的男友，正在另一座城读书。每个月的月末，那个瘦瘦的男孩，都会坐了很远的火车来看她。

却在傍晚，见到曼丽兴冲冲跑回来，大声宣布，她大功告成了，罗烨约她晚上一起去看电影。

苏小若问，那个坐火车来的男生怎么办呢？

曼丽愣一愣说，我们只是一般朋友，我真的不很喜欢他，我会打电话告诉他，让他不要再来了。她快快乐乐地换了一条红裙子去见罗烨。

苏小若望着她的背影，有点若有所失。窗户洞开，忍冬树的花香，随着微风，淡淡地飘进来。

二

苏小若有时会做一个很奇怪的梦，梦里面，她不知怎的，走到一座孤岛上，四面环水，茫茫复苍苍。正惊慌失措时，突然听到埙声，小蛇般地游过来。她一转身，就望见了坐在水边吹埙的罗烨，正含笑望着她。蓝衣白裤，阳光明朗。等她再去寻时，却一片雾起……

苏小若突然地对埙热衷起来。她去图书馆查资料，得知这种乐器，早在新石器时代就有了，原是石头制作的，是古代先民们用来诱捕禽兽的辅助工具。可是，有没有这样一些夜晚，天空星星满布，他们吹响石头，用来唤醒沉睡的爱情？苏小若忍不住这样想。她特地跑去乐器店，买了一只埙。不过拳头大小，蹲在她的枕边，像守望的头颅。

罗烨来她们宿舍，看见苏小若床上的埙，他若有所思拿在手上看，放嘴边吹出一声悠长的"呜"，问苏小若，你也喜欢埙啊？

苏小若突然脸红，她弯下腰去，装作捡掉在地上的书，一边说，玩着的呢。

罗烨便跟她们说起他的小山村，山道道弯弯里，他们山里人，吹着埙度过很长很长的时光。

曼丽说，埙有什么好听的，不如古筝好。

苏小若的心中，却生了向往，那是怎样一种景象啊，山翠绿，云洁白，埙的声音悠悠不绝。

也在校园里遇到罗烨，他会冲她含笑点头，叫她小若。也在校文学社的集会上碰了面，苏小若这才知道，频频亮相于校刊上的"山里人"，就是罗烨。他用"山里人"的笔名，写诗写随笔写散文，文章干净得像棉花。而罗烨也始才得知，校刊上化名若水的，原是苏小若。他的欣赏铺天盖地而来，他说，小若，你真是个才女。

他们谈当下流行的作家，也谈埙，那刀耕火种时代的渴望与追求。苏小若的心中，突然涌上点点哀愁，说不上来。

三

曼丽问苏小若，怎样使一个人死心塌地地爱你？

苏小若说，给他织毛衣，给他做甜点。

忍冬树树上的叶，全掉光的时候，曼丽抱一堆浅灰色的毛线回宿舍，说要帮罗烨织一条围巾。围巾却织得半途而废。曼丽实在没有那个耐心一针一针，她对苏小若说，还是去商场给他买一条现成的好了。

苏小若笑，把曼丽织的拆掉，重新起头，帮她织好围巾。曼丽高兴得搂住苏小若的脖子说，小若，将来我若是和罗烨结婚了，一定要请你作伴娘。

第一场冬雪落下的时候，罗烨的脖上，围上了苏小若织的围巾。浅灰色的毛线软软的，罗烨的笑容也软软的。他和曼丽在雪下堆雪人，鼻尖上落着点点雪花。

四

曼丽给苏小若介绍了一个男孩，男孩瘦削白皙。曼丽说，小若，罗烨总说你很孤单，这下子你不孤单了。

苏小若的心，疼疼地跳了一下。她本想拒绝，但看着快乐的曼丽，她没说话，算作默许了。

日子就有些淡淡地过着。她和男孩，有时会一起散散步，说一些不着边际的话。回来后，她大体会忘掉。罗烨和曼丽，却成了一对很般配的恋人，罗烨帅气，曼丽漂亮。偶尔的早晨，罗烨会提着豆浆油条，或奶茶面包，来叫醒睡懒觉的曼丽。曼丽偶尔的，也会跑去罗烨的宿舍，抱来罗烨换下的脏衣裳，一件一件，在盥洗间里洗。他们两个，像夫，与妇了。

周末的时候，4个人约了一起去校外爬山。罗烨熟悉山上的野花野草，他叫出它们的名，如同唤故知。坐在山风呼呼的山顶上，罗烨掏出埙吹，那凄清的声音，携着远古的沧桑和风雨，小蛇般地，就那样冰冰地游过来。苏小若拼命压抑了自己，才能压住狂跳的心。她表面上平静如水地听。

曼丽不爱听，跳远了，去攀一棵树上的野果子。

一抬头，目光相遇，罗烨的，她的。却又急急地避开。苏小若笑说，这山上的风真大。她身边的男孩赶紧说，风大那我们就回吧。苏小若应一声，好。脑中却空空的。

时光就这样，清晰着又模糊着。一晃，他们都毕业了。

五

苏小若回了她的城，应聘到一所中学做老师。她和那个男孩，没说分手的话，一毕业，却很自然地断了联系。

罗烨本想回家乡古城去，曼丽却死活不肯，于是留在大都市。很快应聘到一家公司的企划部，曼丽也进了一家公司做文员。

秋叶纷落，所有的梦，到此该完结了。

苏小若却突然收到罗烨寄来的信，罗烨说，小若，假如再与万万人中遇到你，我们会怎样？罗烨说，小若，你画的忍冬花我留着，你织的围巾，我很喜欢。

原来，一切都是明了的。苏小若突然觉得心口疼得慌，她想起第一次遇见他，忍冬树下，他手握着埙，凄清的声音，如小蛇般地，从他的手握之处游出来，就那样击中她的灵魂。4年了，她总做着那个奇怪的梦：一座孤岛上，她与他相遇，他握着埙，坐在水边吹，转瞬却一片雾起。

有时的相遇，错过便是千山万水。

父母急慌慌给苏小若介绍对象，男孩的工作单位好，家境也富足，更为难得的是，还长得一表人才。苏小若没有理由拒绝，她不咸不淡地跟那男孩处着，回信给罗烨，我恋爱了，你和曼丽，要幸福哦。

六

大红的底子上，撒满细碎的粉红的花，一袭白纱的曼丽，偎着西装笔挺的罗烨，笑得灿若春花，那是曼丽寄给苏小若的结婚请柬。曼丽说，这请柬具有收藏价值哦，我和罗烨，特地去做的呢。又殷殷相邀，要苏小若去做她的伴娘。小若，你一定要来哦，你来了，我才会更幸福，曼丽说。

苏小若便去了，带着那个男孩。他们看起来，也是和谐的两个，她优雅，他英俊。曼丽初见到，就兴奋得大叫，小若，你真有眼光，找这么一个帅哥啊。罗烨在一旁，只是浅浅地笑，没人处，他暗问一句，小若，你好吗？

苏小若答，我很好的。

罗烨笑，你很好我就放心了。转身走开，那边，礼花盛放，婚礼正高潮。

七

回到小城，苏小若对那个男孩说，我们分手吧。男孩问，为什么呢？苏小若说，我还不想恋爱。男孩说，我可以等。

学校包团去旅游，有两条线路，一条是去香港，体味现代气息。一条是去古城，觅古代印迹。那个古城，是罗烨家乡的城，苏小若毫不犹豫地报了名。

到达古城，大家都坐游船观民风去了，苏小若一个人，独自去了罗烨的小山村。

走上弯弯曲曲的山路时，苏小若满脑子想的都是埙，忍冬树下，蓝衣白裤的罗烨，他用埙声，就那么轻易地击中她的灵魂。山雀的叫声，在山林里时隐时现，有小溪穿过山涧，又清清亮亮地流远了。她找到罗烨的家时，已是薄暮黄昏，她谎称是进山来看风景的，走着走着就迷路了。

罗烨的父母，很热情地接待了她，他们端出煮熟的芋头，还有用切碎的山菜煮的糯米饭，招待她。芋头香，糯米饭也香，她吃了很多。

罗烨的母亲笑眯眯对她说，姑娘，你与我们山里人真有缘，吃得惯我们山里的饭。

他们向她展示罗烨的照片，是张合影，罗烨和曼丽的。两个人相偎着，站在城市的高楼前，笑得满眼生辉。罗烨的母亲指着罗烨告诉她，这是我儿子。又指着曼丽告诉她，这是我儿媳，城里的姑娘呢。

苏小若笑，伯母你真好福气。

夜晚的星空下，苏小若坐在罗烨家门口的石头上，听罗烨的父亲吹埙。半天空的星星，仿佛都掉落到山头上。

没有人知道她的悲伤。埙声如小蛇，悠悠地，向着远方游去。

爱不曾离开

我窝进他怀里，紧紧抓着他的背脊，任由我的眼泪弄湿他的衣襟。他轻轻推开我，手指放在我的鼻头往上一推，嗤嗤地笑着。我也笑起来。

"酸菜洗过之后，用刀分割成几柳，挂在阳光下暴晒至干。抹盐。后入坛泡几日方可食用。"

看着阿婆一点一点往割好的酸菜上抹盐的时候，我突然想起陆小宇。他也是这样一点一点往我身上抹盐的。幸好我的伤口不深，疼痛还没能要了我的命。也许他不是有意的。我在想起他的时候总是这样安慰自己。

认识陆小宇的时候，我还分不清东南西北。尽管现在也分不清，但我跟他总算是相识了。他喜欢爬在阳台上喊："林子初！林子初！"我抬头转了个圈才在几栋楼房中找到那张笑得邪邪的脸。他朝我挥手，喊得更大声："林子猪！林子猪！"

"子初。想什么呢？我等你好半天了。"于静猛地拍在我背上，疼得我轻叫出声。

"静子呀。小声点。别吓着阿婆。"

"林子初！你是猪啊。阿婆是个聋子。"于静扯起嗓门吼着。他那样儿像是恨不得把我连皮带肉一块儿吞了。

"啊，对呀。我……"不等我说下去，于静拉了我一把甩进她的POLO车，指着我的脑门儿说："林子初，今天你最好给我老实点。别给我搞些有的没的。不然……哼哼！"她的拳头突地袭向我，吓得我连忙缩进车座里。

于静这死丫头还真是暴力加急性子，本该嫁不出去的，可展明那家伙却爱她爱得死去活来的。这世道太没天理了。

良木缘·咖啡吧。

"你已经来啦。我来介绍。这就是我的闺中密友。林子初。"于静握着我的手紧了紧。"子初。这就是我跟你提过的毕成。好啦，你们先聊着，我去一下洗手间。"

碎发齐颈。浓眉。单眼皮。阔唇。嘴角微扬。白色衬衫。直条纹西裤。这个人叫毕成。今天我要和他相亲。直到这一刻，想到相亲这回事，我都还头皮发麻。

"什么？相亲？你有没有搞错啊！子初，你老实说吧，是不是静子搞的？"展鸣在电话那头大声嚷着。我听见建筑工地的轰鸣，压住了展鸣的声音。

"是呀是呀。我晚点给你打过去吧，那边太吵了，我听不清。"我立马挂了电话，我害怕展鸣会不小心提起那个我下决心要忘记的男人。陆小宇。

记得第一次见到展鸣，是在学校画展上。我和于静站在领奖台旁边，我瑟瑟发抖，于静拉着我说："子初，别怕，有我呢。"

展鸣就在这时走过来，仰起头朝我笑："林子初，你拿第一，我是第二。"

于静举起手朝他屁股上啪的打过去："你给我滚开点儿，谁让你靠近我的子初了？"我看展鸣吓得脸都绿了，忙拉住于静扬起的那只手，好让展鸣逃脱。可他倒好，不但不走开，还咧着嘴笑开了，露出又白又大的牙齿。展鸣说，他就是那个时候喜欢上于静的。

刚洗过澡，全身舒服极了。我蜷腿坐在电脑前处理邮件。电话响起来，我起身去接。

"哪位？"我把听筒夹在肩上，懒懒地问。

"我，展鸣。"我明显感觉到他的严肃："于静这妮子发疯，你也跟着她疯啦！怎么去相亲呢？"

展鸣如此激动是正常的，他是陆小宇最好的朋友。当初，我跟陆小宇的事也由他一手撮合。可是，他却不知道，陆小宇留给我的伤痛已经足以让我的心死去。我这辈子都记得在我得知小宇另有新欢时，他发给我的 E－mail：

"我以为像我们这样的青梅竹马可以身心契合，看来我们都太稚嫩了。"

……

"我已经 27 岁了，展鸣。你想让我终身不嫁吗？"

"我，我没那个意思。你当然要嫁，可是不能嫁那些人。"

"那我该嫁谁？"我语气平淡。

"这……子初，你不要说得这么无所谓。你不是一直爱着小宇吗？"

"别说了。"我有些生气地打断他："他怎样对我，你是看到了的。我能做的都做了，是他不给我爱他的权利。你还要我怎样？"

2003 年，夏天。

毕业典礼过后，我站在灼人的阳光里给陆小宇打电话：

"陆小宇，我毕业了！"

"恭喜你啦！"他的声音也在笑着："林子初，你过来吧。"

"好啊，好啊。"我笑。

"林子初，我们结婚吧。"

"好啊！好啊！"我朝天空吼着。

我坐在往海南的飞机上，心情好得很。一想到三个小时后就能见到他，我的心就跳动不已，以至于不慎打翻咖啡杯，溅了一身。

"亲爱的各位旅客，据海南当地最新消息，万宁一带发生房屋倒塌，严重阻塞交通，请各位前往此地的旅客注意安全。"空服员温柔地提示着，我没想到这一次事故竟是我苦痛的开始。

我在机场大厅等了三个小时，却不见他的影子。我拨通了他给我的每一个号码，不是没人接听就是无法接通。直到最后一班从成都来的飞机降落，我才拉了行李走出机场。天已经黑了，这个城市的夜晚很黑，我看见很远的山上民宿的灯忽隐忽现。我想，这是个适合哭泣的城市，因为没有人看得见，可以哭得很痛快。

……

那一段日子，浑浑噩噩。我一边找工作，一边找他。我用尽了所有方法，却依然找不到他。他就这么消失了。我想，我恐怕真的失去他了。不久之后，我在一所大学找到兼职讲师的工作。我以为让自己忙碌，就可以忘掉失去他的痛楚。可是，这样却反而让我更难以承受。直到半年后的一天，收到他的 Email：

"林子初，很久不见。我想你应该已经适应了那儿的生活，过得还不错吧。我马上就要出国了，我的未婚妻在那边等我。我很抱歉现在才跟你说这些，因为我真的不知道要怎么说出口。我和她是半年前认识的，我们过得很好，你不用为我担心。你也快把自己嫁出去吧。我以为像我和你这样的青梅竹马可以身心契合，看来我们都太稚嫩了。"

看着照片上的他和那女子幸福地笑着，我彻底崩溃了。我决定离开这个我曾用了好长一段岁月来憧憬的城市。因为有他，所以有梦。而如今他不在了，梦就碎了，我只能选择离开。

"你这个人神经质，缺乏警觉，又怕痛。真是没什么优点。"他曾抱着我这么说着。他的下巴在我的脸颊游移，胡渣弄得我痒痒的。我们坐在楼顶上晒太阳，结果被晒伤。我们都忘了当时是夏天。

我的记忆似乎都停留在夏天，可偏偏缺失了这一次……

万宁房屋倒塌事件发生后，身为《海南日报》副主编的他决定亲赴现场进行采访。他不知道这个决定竟会造成他最大的伤痛，几乎令他失去所有。他们一行人到达现场时，眼前已乱成一片。消防人员正在全力抢救伤者，哭喊声，惨叫声，呼救声混杂着，仿佛世界末日。他是第一个冲进去的，他是记者，却没拿相机。他左手抱着一个小女孩，右手抵住一块巨大的水泥板。他只想救这女孩，竟没注意到水泥板上突起的一根细长的钢条无情地划过他的颈脖。他戴着的同心坠子落到地上，昏了过去。

"……他的声带受伤，不能再说话了。"展鸣的声音哽咽着："我答应他不告诉任何人，特别是你。他不想拖累你。"

"那你为什么告诉我？瞒我一辈子不是更好。"我的泪夺眶而出："好让他一个人去风流快活。"

"他根本一直都是一个人，怎么风流？他从前那么自信，弄成这个样子，怎么快活？我本想把这个秘密带进坟墓的，可我不能眼看着你跟着静子胡闹。"展鸣深吸了口气："这几年我跟你一样难受，看着好兄弟一点点消沉，我却一点忙都帮不上，你懂那感觉吗？子初，去找他吧。我想，只有你能救他。"

5月的海边已有夏天的味道，清凉的海风撩起年轻女子的裙摆。棕榈树，竹楼，海滩。嬉水的人们脸上有浪花般的笑容。

我光脚走在暖暖的沙地上，远远地看着这幅动人的海景。陆小宇，你是不是也在某个地方看着和我眼前一样动人的风景？你会不会如我此刻想起你般地想起我？

我转身数着脚印咯咯地笑，不小心撞上了人，我急忙转过身去连声道歉。

画板，画架，油彩。原来是个画者。他画深蓝的海水，金色的沙滩，清瘦的女子白衣白裙，回头数着脚印。不正是我吗？我惊愕地抬头：

"陆小宇！"我的泪流了下来，弄湿了他的画。他愣在原地，诧异地看着我。我看到他的眼睛微笑着流着泪，好寂寞的样子。我窝进他怀里，紧紧抓着他的背脊，任由我的眼泪弄湿他的衣襟。他轻轻推开我，手指放在我的鼻头往上一推，嗤嗤地笑着。我也笑起来。我知道，他在叫我，林子初，林子猪。

阳光喜欢逛马路

> 所有的行人都见证了，一对男女手牵着手，在每一处有阳光的地方泪流满面。

差不多成了我肚里蛔虫的女孩

向来不喜欢去西餐厅，那种一群人左右开张的场景轻易就让我心惊胆战。若不是因为静沁，我想我大概找不出雅兴来破例。她是我最铁的"哥们儿"，在"数字英雄"旗下赚了份很时髦的差事，闲得发慌地拿着高薪。

那天我们就坐在临门的最后一张闲着的桌子旁，生硬且好奇地把玩着刀刀叉叉，很有点醉翁之意不在酒的嫌疑。当那个吐着烟圈的女人走进来时，我俩的目光不约而同地绊了个趔趄，但绝对不是因为女人抽烟的缘故，骆驼已经见多了，自然就不会再傻乎乎地以为马肿背。

她手上的利器不停地在我眼前挥舞，刀光剑影。"哥们，用不用过去打个招呼套套近乎？"我晃了晃脑袋说："算了，最近情感纠纷不少，没时间客串新剧。"她可爱地笑了。

不谈爱情与女人做知己实在是件不可多得的快心之事。我们就像是两个光洁的玻璃球，用各自的光泽照亮彼此越来越枯燥无趣的生活。但即便碎成粉末，她还是她，我还是我，接得再近也删除不了距离。

冬天从遥远的北方赶到这座了无生机的城市的时候，我们相约去堆雪人。她问我雪最可贵的是什么，我说是白得不染纤尘，像仙子。她不同意，说雪所有的美丽都与春天有关。那时候，我刚和钟慧一见钟情不久。只是静沁，依旧一人吃饱全家不饿。印象中，她的青春期似乎进入多事之秋，据她所言，初恋纪录是小学四年级创造的，并一成不变地保持至今。

她不介意做我和别的女人"第三者"，她可以乐呵呵地帮我去送玫瑰，回来后还不忘恭维几句："唉呀呀，那什么钟慧来的果然超凡脱俗，只那眼神就够你们男人受的。"于是，周末我与钟慧约会时，就顺便叫上了静沁，算是犒劳。

她规规矩矩地端坐在我和钟慧的对面，旁若无人地埋头苦干。我同钟慧高分贝的打情骂俏竟然对她的胃口产生不了一丝半毫的不良影响。这也好，不必担心她在承受能力濒临崩溃之时，用手中的"凶器"对我进行人身攻击。

我经历过不少"爱情瞬间剧"，静沁大多抱着事不关己的心态。但自从我向钟慧吹响号角后，她一直不遗余力地在为我摇旗呐喊，甚至还问心有愧地对钟慧说，我是21世纪第一颗也是最后一颗"痴情种子"，要让我发芽，别让我霉变。我清楚她的做人原则，她能心沉气稳地讲出这番话，绝对比向街上的大男人推销卫生纸难。

为了不至于欠她太多人情，我提议帮她介绍"另一半"。她急了，嚷嚷道："别老想把我往火炕里推好不好，和你交往一个星期的女孩子还能对男人保持信心都已经是奇迹，更何况差不多成了你肚里蛔虫的本姑娘。"

我不舍得让她做小说的女主角

我告诉静沁我准备写一部半自传的长篇，她毫不含糊地举双手赞成，并坦言愿意牺牲自身形象，做其中的一个小角色。

春天如约而至，钟慧却迟迟不肯在"八"字上添上属于自己的那一撇。那个赘肉横生的女书商，却隔三岔五打电话来问小说还写不写。我说现在正在追主角，急不来。她说你脑袋那么大，虚构一个人物还成问题吗？我不失良机地告诫她："别忘了，我们商量好是写自传体的。"

事情都拖着。静沁除了替我的爱情捏把汗之外，还天天不厌其烦地问我在小说中给她安排了怎样的结局。这个我还真没想好，于是变着法子试图搪塞，可她也不是什么省油的灯，一定要找个时间和我切磋切磋。

"干脆就这样，写你在别的女人身上绕了一个又一个大圈子后，最终还是踏回原地爱上了我。小说嘛虚构点儿也无所谓。"她在把懒腰伸到一半的时候，突发奇想。"这确实是个不错的创意。"可转念一想我又立即否认，"不行，这你不成了女一号，那钟慧咋办？"

由于存在难以调和的分歧，她在小说中的结局一直没有能确定下来。不久后，她却说要去美国。我问什么时候能回来。她笑着说，要么很快，要么永远消失。

走的那天，静沁强烈要求钟慧同我一起去机场送她。依旧是像电视里一样，挥挥手，抹把泪，送别也就结束了。我开着找朋友借的那辆敞篷吉普，载着我唯一动真情的女人飞驰在返回的路上。"静沁真是很爱你。"听到这句话后，我，还有车子，都不由自主地打了个寒战。我奇怪钟慧为什么这样认为。

钟慧的面部表情收敛得干干净净，但我还是觉得美得冷艳。"你们男人无一例外地粗枝大叶，当然不容易觉察。"她用半秒钟的时间作了短暂的思考，然后继续说道："我觉得你更应该去爱她，而不是我。"醋坛子破了是最难收拾的，半路她就强行下了车。

阳光里有她那并不出色的笑容

　　静沁用英文给我发了不少邮件。我看不明白。那天，我刚把那位咄咄逼人的书商打发走，就接到静沁的电话："哥们，我在你小说中的结局我已经替你想好了，我10分钟后进手术室，如果晚上没给你消息，你将面临并不擅长的悲剧。"她的话语依旧那么轻松自如，"但如果我下来了，我希望你用我上次提供的结局，因为那是我孜孜以求的。"我没缓过神来，电话断了。

　　她应该不会在开玩笑吧？我写悲剧向来是骗不到眼泪的。为什么会是这样呢？拿着几份已经打印出来的只有密密麻麻的字母蚂蚁般爬在上面的邮件，我度过了有生以来最难熬的一段时光。

　　然后直到太阳从窗户挣扎着进来，电话也没再响起。我知道，不管自己是不是同样没有觉察地爱了她很久，最终的结局已经确定。一场痛哭过后，我哽咽着对那位书商说，小说明天动笔。

　　静沁发过来的最后一封邮件告诉我怎样读懂那些莫名其妙的"英文信"。按照字母和空格键的提示，用86版王码五笔法输入，出现在屏幕上的，是一串串令人泫然泪下的文字——

　　"我病了。早在两年前，医生就对我下了死亡令，爱和快乐能够让我活这么久，我想我已经是世界上最幸福的人了。"

　　"默默恋你两年时光，也许你不会相信，我快乐是因为心有所属。喜欢雪，那些生命过于短暂的精灵，春天到来的时候，其实她们并没有消失。她们幻化成了大街小巷的阳光，悠然地逛着马路。我想我走之后，你再看到阳光，一定还会想起我那并不出色的笑容，对吗？"

　　"哥们，你等着我，从手术室出来我就给你打电话。要是没有，你也不能流泪，你应该是快乐的。如果我不离开就能让你每天都高兴的话，我情愿留在世上。但你是知道的，这个事情，你我说了都不算……"

　　"我最后的愿望就是，你能天天和钟慧去逛马路，伴着那无处不在的阳光！还有，迁就我一回，别在小说中把我写成悲剧角色！"

　　除了没完没了的流泪，我还能怎样？即使在她没走的时候，我就爱上了她，对她说："我们恋爱吧！"我想她一定会扮个鬼脸，毫无商量地回答："免了吧，那就样不别扭才怪！"或许有些爱，不到生命的尽头是不能说的，就算说了也会自动成为一句玩笑？

在一个晴朗的午后，我在街头邂逅了钟慧。我说，你嫁给我好了，因为我有个故事要第一个讲给我的妻子听。我看见她偷偷地别过脸去，但不知道是不是在抹泪。沉默良久，她说，那就试试吧。

第二天早上，在我住的那幢楼下，我看见了钟慧。我们沿着依江而建的那条马路，漫无目的地走。所有的行人都见证了，一对男女手牵着手，在每一处有阳光的地方泪流满面。

阳光正在逛马路！一个没有别的人能够读懂的句子！

最终，钟慧成了我至爱的妻子，在钟慧与我厮守终身之前，在我那部曾感动过整座城市的小说中！那天我把所有手稿都烧给了静沁，还有我和钟慧走在阳光下那幅美丽绝伦的图画。我低低地问睡得香甜的静沁："哥们，我知道你不会吃醋的，是吗？"

哪片天空属于我

> 爱，多么沉重的一个字，我为它付出过，为它牵挂过，到最后却找不到属于我的那片天空。

两年前的我向往那美好的爱情，但两年后我疲惫不已。天空依然晴朗，周围人群依旧，而我却已不是过去那个单纯的我了。

娟子是我的好友，好到什么程度呢？无话不谈。所以她经常笑我对爱情那么向往，我总是以一笑来回答她。我在网上认识了云，他比我高一届。后来，我们开始了恋爱，从此，我的生活开始变得浪漫了，他是一个很特别的人，也许我正是喜欢他的特别。我开始品尝恋爱的滋味。

但是，时间一久，便无以往的浪漫了，我们开始争吵，他不许我和别的男生交往，不许我不理他，可有时却对我忽冷忽热的……暑假来了，我回到了家中，两个月见不到他了，我想了许多，他的好，他的坏，一切的一切。再见他时，我提出了分手。接下来的日子一塌糊涂，他开始酗酒，与朋友说着我的绝情和他的伤心。我心痛，便找到他，第一次，他在我面前落泪，我震撼了，他是个很骄傲的人，从不轻易落泪，我开始觉得这是个错误，才发现离开他的日子里，最想的是他，最牵挂的是他，最爱的还是他。最后，我回到了他的身边。

他开始对我小心翼翼，百依百顺，日子一天天地过去，又是一个落叶纷飞的季节，不知道这个季节是否注定悲伤？一次好友聚会，一个晚上他不在我身边，而我也尽情宣泄着即将分别的不舍，当我发现他不在人群中，我走出房间找他时，我看见了那一幕，我终生难忘的一幕。他，被夹在柱子与娟子中间，不知在说些什么。我一下子头晕目眩了，靠在另一根柱子上，默默流着泪看着这一切。而他们似乎并没发现我在看着他们，我跑进房间，拿了一瓶酒灌自己，当我再次出来时，他们已不在了。我好高兴，四处找他。最后，却看见黑暗中他们拥抱的身影。我一下子跌倒了，云和娟子看见了我，愣住了，娟子跑来扶我，我推开她，说着："我恨你们！"

最后不知怎么回去的，一晚上我都在叫着："你们抱在一起，你们抱在一起……"

第二天，我满心酸楚地出现在他面前，我说："给我一个解释。"

"我……我昨晚喝多了，再说，快毕业了，娟子是我们的好友，所以……"

"所以情不自禁抱在一起了。"我恶狠狠地说着。

他无言。

晚上，娟子来找我，我看着她，无语。娟子在身边坐下："丹丹，别怨他，要恨，你就恨我好了。"

"……"

"云是真心喜欢你的，只是……"

"只是什么？"我追问。

娟子不语。

"只是什么，你为什么不说，"我开始觉得这里面有些什么，却又说不出。

娟子摇摇头，走了。

后来的几天，他一直没来找我。而娟子，却也消失了似的不见踪影。终于有一天，我的心情好点了，于是来到湖边散心。云来了，一脸的不自然，"你们是不是想好了如何对我说了。"我不客气地说着。

"这几天你好吗?"云的声音透着无助。

"好不好都已无关紧要了。"我的声音前所未有的平静，平静得自己一阵心虚。

"那晚的事……"

"那晚的事怎么了，你还不肯告诉我吗?"我迫切想知道答案。

"我曾经喜欢娟子……"是吗，还好，谁没有过去呢，我开始想原谅他。

"……在追你的时候……"

"什么，"我叫道，"你当我是什么，她的替代品吗。"我不自主地后退了两步，差点掉到河里，

"没，我是真心喜欢你的，真的。"

"算了吧，你无耻。"我吼了一句，跑了。

回到房间，我大哭了一场，娟子来了，"这件事，我不知道，一直都不知道的，丹丹，你要怪就怪我吧。"

"没你的事。"

几天后，云给了我一封信，再后来，我们平静地分手了。娟子仍是我的好朋友。

晚上，看着他的那封信，"本来我们可以爱得很深很深的，可是……我是真的爱你，这件事本不该发生，但那天，我想，反正快毕业了，说就说吧，没什么的，我对你没别的意思，只想把这件事说了以后，再好好地爱你。

"一开始我很喜欢娟子。但后来发现你也挺好，和你在一起很开心。那时候你对我说分手，我很难过，才发现自己真的是爱上你了……

"分手是不得已，面对你，我依然想说，'我爱你'，对你有这份回忆已够。多年后相遇，我会笑笑与你擦肩而过，告诉自己：这，曾经是我深深爱过的人。好好照顾自己。"

我带着满地落叶和一颗破碎的心回到原点，坐在阳光下，不知不觉中我已泪流满面。爱，多么沉重的一个字，我为它付出过，为它牵挂过，到最后却找不到属于我的那片天空。

轻风吹过风铃花

在我们最初相遇的爱情里，总有着一些美丽的伤痕烙印着一些今生无法忘却的疼痛。但有谁敢肯定，这种最美最疼的爱，今生只有一次？

在西安待久了，有些腻。那天翻报纸，也不知怎么就被深圳吸引住了。于是别了家人，踏上了南下的火车。

上车坐定后，一个清瘦的男孩坐在我的对面，我之所以注意他，完全是因为他手上那串淡紫色的风铃花。我从来没有见过一个男孩子对风铃花这样感兴趣，从在火车上坐定，他就开始"研究"那串风铃花了。

到吃晚餐的时候，他去餐厅吃饭了，我懒得走动，就随便要了点快餐面。吃面的时候，我的眼睛一直盯着那串紫色的风铃花。在车厢暗淡的灯光下，那串风铃花泛着一种淡紫色的银光，每朵花下都系着一个小小的铃铛。这样美，难怪他会看一路。我忍不住伸手过去，打算自己也学着做一串。谁知，在我去拿风铃花的时候，不小心碰翻了杯子。刹那，满杯的水飞溅出来，我抢救不及，那串紫色的风铃花湿了一半。这下糟了，那个"风铃花痴"回来岂不和我玩命？

　　我急忙打扫残局，把湿的一半放在底下，干的放在外面，指望能蒙混过去。

　　过了一会儿，他回来了。我斜靠在座位上，用书盖着半边脸，偷偷地看他。谁料他一回来就去掂那串风铃花，随即吼声传来："是谁，是谁干的？"

　　看他是真发火了，我忍不住心惊胆战。他站起来一把掀开我盖在脸上的书，吼道："是不是你？"

　　从来没有一个男孩对我这样凶过，我的眼泪一下子就出来了。见我哭了，他不说话了，呆呆看着我，然后呆呆地坐了下来。

　　不就是一串风铃花吗？值得发这样的火？我抽抽搭搭地说："回头我做一个赔你好了。"

　　他又吼道："你赔得起吗？"说过了，看我一眼，大概是害怕我再哭，就摆摆手道："算了，算了。"

　　一场风暴过后，我和他又转入了沉默。

　　不知过了多久，我恍恍惚惚地睡着了。醒来，我发现身上盖着一件男士的风衣，一股极淡极淡的烟草的味道环绕全身，那是他的衣裳。我抬眼望他，他手里拿着那串风铃花睡着了。可以看出，他不快乐，他梦到了什么？为什么他的眉头紧锁？

　　我拿起他的衣裳欲给他盖上，手在半空却停住了。看着他我突然有一种很奇怪的感觉，那种感觉是往日我从来没有过的。

　　这时，火车慢慢减速，停站了。我打开车窗，一阵风拂过，清凉如水。大概是风吹的吧，他醒了。我急忙把手里的风衣还给他，他接过去，说："对不起呀，刚才对你那么凶。"没等我说话，他又问我："到哪儿了？"

　　"武汉。"

　　他听了，哦了一声。忽然问我"你去哪儿？"

　　"深圳，你呢？"

　　"我是回家，我家在广州！"

　　原来是一路的，不知为什么，我忽然感觉轻松。那时他已了无睡意，就泡了茶和我说起话来。

　　我这时才知道他叫林风，刚过 26 岁生日。并且我知道了他为什么对那串紫色的风铃花视若生命。

　　"辛颜是个极古典的女孩子。从第一次见到她我就喜欢她。那时她比我低一级，也是中文系的。所以尽管不同级，我们还是有机会坐在同一个课室里，听一些文学讲座。"

　　"我刚上大三，文章已经在全国大大小小的刊物上满天飞，当时大学里有不少女孩子倾慕我的才华，但我从来没有对哪个女孩子动过心，这一切都是因为辛颜。我总以为来日方长，总以为有太多的青春可以由我挥霍。命运却全然不是如此。辛颜上大二的第二学期就不再来上课了。后来我才知道她是因病退了学。"

　　"辛颜这一去，就再也没有回来。我去看了她一次，那已是半年过后了。她因为做化疗，剃光了头发，脸也变了形。我忍着没有让自己哭出来。辛颜见到我似乎很难过，她让我以后别去了。我再去时，她已搬到别处。"

　　"辛颜走后，带去了我所有的快乐。大学毕业，我收到了一个包裹，里面是一串淡紫色的风铃花。信是她家里人写来的，说：辛颜已经在头年春天死去了。这串风铃花是她为我折的。看着那串风铃花，我可以想象出辛颜是如何在病中的日子里，靠着寂寞的窗口，为我折着那一串美丽的风铃花的。"

　　说到这，林风的声音已有些嘶哑，我也忍不住为他们凄艳的爱情流泪了。故事讲完了，林风不再开口说话。我了解他的苦衷，默默地陪着他。

　　到了广州，林风给我留了电话号码，我们便分了手。

　　我到深圳的第三个礼拜，在一家电脑公司找到了事做。白天工作繁忙，晚上回到宿舍一个人静下来的时候，也不知为什么，我常常会不由自主地想起林风。我开始在空闲的时候折风铃花，一朵又一朵的，全是淡紫色的。

　　有一天终于忍不住给林风拨了电话。晚上，林风从广州来看我，那天他喝了很多酒，但是我知道他没有醉。他一直给我讲辛颜，讲了整整一个晚上。从餐馆出来，林风有些把持不住，走路有些歪歪斜斜。我扶住了他。那时路上行人已少，在小巷口，林风忽然停下，他看着我，猛然把我搂在了怀里，吻我。当他的唇碰到我的唇的刹那，我整个心都揪了起来。可是他呼唤的却是："辛颜，辛颜。"

在他的呼唤里，我的泪水大滴大滴地落了下来。林风这才猛然惊醒，他松开了我，连声说："对不起。"

我的眼泪更多更多地流了下来，我说："林风，如果能够和你在一起，我情愿你把我当成辛颜。"

林风定定地看我，之后便转身走掉了。

有很长一段时间，林风没有来找我。我依然折着一串串寂寞的风铃花，折着我的一个又一个充满希望的等待。我相信总有一天林风会再来的，他不可能在辛颜的梦里活一辈子。

果然，当整个春天接近尾声的时候，林风又踏进了我的小屋。那时我的屋里已经挂满了一串串淡紫色的风铃花，林风在这些高高低低的风铃花中走动着，用手一朵朵仔细抚摸着，看我的眼睛逐渐温柔起来。

林风走过来，捧起我的脸，说："从来没有一个女孩像你这样为了爱宁愿委屈自己。也许有一天，我会爱上你吧？放心，如果一旦我和你在一起，绝不会把你当成另一个女孩子的替身。"

我说："我知道，这么久了你都没忘掉辛颜，如果有一天你和我在一起，一定会对我好。"

林风伸出手指，轻轻抹去了我脸上的泪。

那以后，林风常常来见我。后来我干脆去了广州工作。周末，他便常邀我去他老叔家玩。他老叔家在郊外，家门口种了一大片花地。望着大片的花，我只感觉心空明净，好像来到了世外桃源。我渐渐喜欢上了林风老叔的那个花园。每逢花开，也帮着林风打打下手，给闹市里的花店送花。

那段日子，林风对我虽没有任何承诺，我却全心全意地爱着他。下雨，我会跑很远的路给他送伞；他喜欢吃手工面，我就不怕麻烦地给他做；他生病，我曾经守在他的病房里两天都不曾合眼。

日久，林风提起辛颜的次数终于越来越少了，他开始给我送花。这样的日子如水般流过，我从林风的手里接过了马蹄莲、扶桑、钟铃荷包，甚至一品红。

1996年七夕之夜，我和林风去吃了麦当劳。从餐馆出来，在清风明月之下，林风终于将我拥入怀中。他说："傻丫头，这回我是真的忘不掉你了。"

我问："辛颜呢？"

他轻轻地说："她在我这里。"他将我的头揽在了他的心口上，我可以感觉到他一下一下的心跳，"听见了吗？辛颜在祝福我们呢！"

那一刻，明明是最幸福的时刻，我还是忍不住又哭了。只为了所有的等待都成过去，如今，林风终于完完全全属于我了。

在林风的日记里，我看到了这样一则文字：谁都知道，年轻的爱，有如一阵轻风。在我们最初相遇的爱情里，总有着一些美丽的伤痕烙印着一些今生无法忘却的疼痛。但有谁敢肯定，这种最美最疼的爱，今生只有一次？

半年后，我和林风进入了热恋阶段。他把辛颜折成的那串紫色的风铃花送给了我。我把风铃花挂在了我的窗檐下，一阵风过，铃声清脆。我知道，那是辛颜的歌唱。

我们再也回不去了

……时间流转中，我们已经不一样了，如果你身边有合适的人出现，请不要再错过……

亲爱的阿为，我们再也回不去了。

阿为坐在我的左前方。我可以长久地注视着他的大半张脸，他微微带卷的头发、倔强的鼻子，他长长的浓郁的睫毛、他好看的嘴巴。

有时候，我就那样静静地坐在角落里看阿为的侧脸，一看就是整整一节课。我爱极了我的班主任，他让我坐在这个靠窗的位置，把阿为安排在我的左前方，让我无所顾忌地看我的阿为，而不被任何人发现。因为这个位置，可以假装着去看黑板。

光明正大，并且甜蜜无比。

我想，将来等老师的儿子出生以后，我一定买一把漂亮的糖给他吃。

小旦说，阿为好高哦，把黑板都挡住了。

是啊是啊。我拉着她黑黑的头发说，他真的很高啊。

真好。阿为把我所有的目光都挡住了。我多么希望，他不仅要挡住黑板，挡住那些烦琐无聊的题目，挡住滔滔不绝的老师，还要挡住周围所有的一切。我的视线里只剩下一个阿为，只装着一个阿为。早上一睁眼，他就站在我面前，夜晚看着他的眼睛入睡。他就像是我白天和夜晚的影子，随时随地都在我身边。那该多好啊。

小旦说，阿为脸红的样子好可爱哦。

是的，阿为有时候扭头跟我们说话，说着说着突然就脸红，然后赶紧回过头去拿起课本看书。

我不知道为什么。阿为和我话不多，他甚至很少叫我的名字。他不主动开口，我是绝对不会跟他说话的。我心里的那个秘密，怕被他看穿，小心翼翼地保持着距离，不敢叫出他的名字。阿为是为什么呢？他要跟我说话的时候，就看着我的眼睛。可是他常常响亮地叫着小旦的名字，非常大声，满教室都能听到他好听的声音。我听了就会很难过。阿为为什么不大声地叫我的名字呢？

春游的时候，老师带了相机，给我们拍照片。小旦笑嘻嘻地牵着阿为到处合影，每一张都笑得灿烂无比。我默默坐在一边，等阿为走过来，即使不叫我的名字也好，他走到我面前，看着我的眼睛，轻轻地说：我们合张影吧。

但他没有。

除了小旦，阿为还和班上另外好几个女生拍了合影，但是他一直都没有走过来跟我说那句话。有几次撞上他的目光，他也是淡定的。

倒是最后，小旦见我一个人闷闷地坐着，拉起我去找阿为。

阿为坐在一棵粗大弯曲的老树上，两条腿悠悠地晃荡着。小旦站在树下，扯着他的裤脚大声说：阿为阿为你下来，我们合张影吧。

好啊。他跳下来，眼睛亮亮的。

阿为站在中间，小旦在左，我在右。我心里满是欢喜，终于和阿为有一张合影了。

就在老师喊下"三"的时候，小旦忽然叫了一声"阿为——"阿为偏过头去看她，我也跟着偏头去看。这个镜头被拍了下来。很久以后，我才知道，这是一个预言。

后来，小旦笑嘻嘻地告诉我，其实那天她是故意的，说是阿为踩到了她长长的裤脚，实际上是想拍一张和阿为深情对视的镜头。她笑着，拍了那么多，都是像傻子似的看镜头，没有一张是看着对方的。

小旦的笑声清脆、张扬，像一根根揭竿而起的痛，刺得我血流不止。

阿为和小旦渐渐有了很多传言。

有人说，他们是两情相悦，男才女貌。有人说，是小旦在自作多情倒追阿为，阿为早已有心仪的女子。

我不置可否。一心一意地投入学习，巴不得考个好点的学校，最好是离得远远的，远离这些湿漉漉的伤。

考试我发挥得并不好，尤其是数学，刚刚及格，拉下了一大截分数，与重点失之交臂。阿为和小旦上了同一所学校，我不想再站在阿为身后看他对着小旦深情微笑了。再者，我对数学实在没信心，就选了一所外地师范上了写作班，只需学一年数学，不冷不热地混下去。

离开了原来的地方，阿为他并没有像我希望的那样消失，他始终站在我的生活里，旗帜鲜明，无可替代。

那张三个人的合影，一直还夹在我的日记本里，每天一打开都能看到。我看到阿为的侧脸，像是无数次我从座位上看到的那个阿为，英俊的侧脸，带卷的头发，倔强的鼻子。可是阿为正偏着头，用他好看的眼睛，认真地看着小旦，他们的对视被定格下来。阿为身后的我，以及我眼里一涌即出的泪水，他不曾看到，他什么也没有看到啊。

小旦给我写信。经常写，很长很长的信，好像我几辈子也看不完的信。把她今天穿了什么颜色的衣服，有几道难题去请教阿为了，胖了一斤半等等细细碎碎的事情，统统都告诉我。她说，畅畅，我费这么多时间写了这么多，只是想让你知道，小旦一直都在你身边，一直都在。她说，畅畅，你知道吗，中学那时候，我看起来多么快乐啊，整天嘻嘻哈哈的，没心没肺地笑着，像个小妖精。其实，我真正的朋友只有两个，一个是你，一个是阿为。

我看着看着眼泪就下来了，看到后来哭得更是厉害。

小旦，我最好的朋友，她缓缓地平静地，像是在讲着一个别人的故事，慢慢讲下去：

畅畅，我以为只要我勇敢地去争取了，阿为就会喜欢上我。所以我激他大声地叫我的名字，非要拉着他跟我合影，我是想让很多人都知道，我喜欢阿为，他也喜欢我。我真的是个小妖精。我的自作多情是错的，一直都现在，我们依然是普通朋友，我再怎么努力也无法再靠近他一步。畅畅，阿为喜欢的是你。这么多年了。

后来，阿为的信也来了，他好看的钢笔字写在白白的纸上，赏心悦目，像是一段陈旧的心事。

他终于在信里叫了我的名字：畅畅。你好吗？现在隔了这么多的山和水，终于敢叫出你的名字。以前我也多想叫的，我怕把那两个字弄坏了，更怕别人知道我的心思。你想考上好的学校，我不能打搅你。

你还记得吗，毕业照上，我离你远远地站着，你在最左排，我在最右排，中间隔了那么多人，我们始终无法靠得很近地留下一张合影。我们到底隔了多远呢？那次春游，我后悔当时的懦弱，没有勇气邀你合张影，我怕他们看出我喜欢你。小旦故意叫我一声，留下那样的一个镜头，她想做给你看，让你误会我喜欢她。她错了，我也错了。我以为，总有一天，我会长成一个勇敢的阿为，对你说出那几个字。畅畅，现在我还有机会吗？那些错过的，还能补回来吗？

我日日想着阿为，他干净的白衬衫，如雕塑般好看的侧脸，长长的梦一般的睫毛。我一遍遍地想起，以至于到后来渐渐模糊不清。那一张棱角分明的脸，像在水里浸过，潮湿，而且忧伤。我怎么也想不起了。

回信给阿为：阿为，时间流转中，我们已经不一样了，如果你身边有合适的人出现，请不要再错过，包括像小旦那样执着的女孩。不介意的话，我想跟你要一张照片，记得要照侧面，从右后方拍，就像我坐在教室里看你侧脸的那个样子，把你的睫毛拍得清楚些，我喜欢看它们。我想记住这张脸，我默默看了三年的侧脸。

亲爱的阿为，我们再也回不去了。

花瓣闪过爱情的眼眸

好多时候，爱情和时间长短没关系。
一个刹那就会听到花开的声音。

一

朵朵敲开我的门时，我有刹那间的呆滞，然后，看见了她身后的中号旅行箱。我们相互看着发呆，足足五秒钟。朵朵尖叫一声，跳起来。我们拥抱，旋转。越过她的肩，我看见谢家皓线条坚硬的脸，一根香烟，让他的唇抿得很紧，我不知道，香烟离唇之际，他的表情会是什么样子。

朵朵把自己扔进沙发，其实，我们只是在一个论坛相遇，在现实中，还是陌生人，她像顺水漂流而下的婴儿，目光清澈无辜。

谢家皓不在旁边，正往房间里拎旅行箱，一副心甘情愿为我的友情卖命姿势。

洗完澡后，朵朵奋力拉开旅行箱，一头扎进去乱翻一气，牛仔裤、胸罩、桃色的小巧内裤被扔了一地，像雨后落花，纷纷扰扰开满地板。

谢家皓的眼神跳荡一下，别过脸，我笑，替朵朵收拾满地板的落花。

拎出一件宽大睡袍终于让她停止了扔东西，很漂亮的睡袍，原白色的亚麻布，开着大朵大朵的牡丹。

朵朵占据了书房的一张小床，我和谢家皓小心翼翼如路过街口的小老鼠。

二

后来才知道，朵朵到青岛已经两天了，住在她的男友——别人的老公家，后来因女主人提前结束度假而穿帮，再后来，朵朵和女主人各赏了男人一个大嘴巴，拎起旅行箱离开。

朵朵喃喃说：那个女人不错。仰头，明晃晃的泪，滚下来。谢家皓从冰箱掏出两只圣代，塞过来：喏，小孩子伤心的时候吃糖就会笑的。朵朵狠狠地吃圣代，眼泪滴在睡袍上。

朵朵喜欢温暖湿润的青岛，街边有大株大株的法国梧桐，遮天蔽日地掩映着红顶的哥特式建筑。她指着城市的街道，一本正经："我要留在青岛，这里太像爱情天堂了。"

于是，为帮朵朵找工作，谢家皓几乎打爆电话，恨不能掘地三尺。

朵朵面试多次，终于去一家超市做收银员，薪水不高，但是有免费食宿，长长地，我们吁了一口气，万事大吉。

三

谢家皓说起朵朵两个字时，眼眸中闪过瞬间的生动。我把脑袋钻进他的怀里，听他的心跳，扑扑地动。

轮休时，朵朵会来，像出嫁女子对娘家的贪恋，她是长沙人，爱湘菜，嗜辣如命，每到周三，谢家皓会在厨下轮得铲子叮当乱响，他专门买了一本有这道菜的菜谱，他翻给我看时说：现在流行湘菜，湘菜的经典是姜板鸭。

真实的原因是朵朵爱吃，在朵朵出现之前，他不知道湘菜为何物。以前到现在，我爱吃蒜蓉荷兰豆，从洗好到做好不过十几分钟的时间，他嫌麻烦，总带我去饭店吃。现在他却能守着一份姜板鸭细工慢火熬过三个多小时。

我下厨，挤到他身边："我来吧。"

炒姜板鸭块时总被辣子弄得眼泪直流，我总是边擎着铲子翻它们边擦眼泪。我不想让谢家皓随便烧菜给我之外的女子吃，他只为我煮过牛奶，买过鲜奶面包。

谢家皓说："简单，你哭了。"

我指指排油烟机："它的吸力不够，烹辣子的油烟抽不出去。"

谢家皓抬头看看，再看我："你真的不要我搭把手？"

我摇摇头，推他出去，眼泪不只是辣子搞出来的，我想哭而已，恰好有辣子做借口。

朵朵把旅行箱扔在客厅角落，给我拥抱时，在耳边说："不好意思，我失业了，还要在你们家混吃混喝一阵。"我的心微微一闪，有种失去重心的感觉。

四

谢家皓又是一阵狂忙，最终，还是朵朵把自己安置了。

那段日子，刚好一家叫伤痕的酒吧在我们家附近开张，朵朵对裂开在酒吧外墙上的累累伤痕滋生了浓郁兴趣，当然那些伤痕，不过是招贴画而已，裂开在一颗又一颗的心上。

朵朵和酒吧老板两相中意，于是，她做了伤痕的领位生。

每天下午三点，朵朵去酒吧上班，凌晨或者天亮回来，嘴里哼哼着奇奇怪怪的曲子。后来，有一段时间，朵朵不回来了，我们还有点担心，跑到酒吧看她。看见我们后，朵朵打了个响指，让服务生给我们送来两杯朗姆酒。然后眼睛乜斜着我们继续她的摇摆，像海水深处的橘红色海藻，摇摇摆摆绵软无骨。

我喝不惯朗姆酒，谢家皓看傻了。

朵朵伏在我耳边说："老婆，我恋爱了。"

朵朵爱上了酒吧乐队的吉他手，一个头发很长，一脸冷酷的高个男生。这种男子，招很多女孩子盲目的喜欢，也笃定会是每个喜欢上他的女孩心里的伤口。

五

朵朵辞掉了工作，她变得很瘦很瘦，在阳光下有些透明的样子，笑的时候，只是一个表情。浩淼的眼眸里是没有表情的。

我们没有问，朵朵没有说。但是，我们知道她失恋了，她喜欢看过去的方向，是吉他手去的方向。

晚上，无论我们正在看的电视节目多么精彩，每每 7 点 30，朵朵准时看天气预报，从头到尾，我们不知道哪个城市的天空飘着被她关注的疼。

她像一只受伤的蝴蝶，跌跌撞撞地在我们的房间里飞翔，那段时间，谢家皓不停地往冰箱里塞圣代。

朵朵不说话时，盘腿坐在沙发上，两腿交叠的地方，永远放着一杯圣代。

夜里，我问谢家皓："你说，朵朵会不会出什么事？"

谢家皓抚摩一下我的肩头，不说话。

月光下，我看谢家皓，我的影子在他的瞳孔里飞，我说："谢家皓，明年我们结婚啊。"

谢家皓说："让朵朵给你做伴娘。"有种灼灼的东西，在我心里暗淡下去。好多时候，爱情和时间长短没关系，一个刹那就会听到花开的声音。

六

周末，朵朵蜷缩在宽大睡袍里，姿态优美，睡得香甜，谢家皓去超市采购，我去书店。秋天时，我会有一场考试，为了前程，我必须认真对待。

从书店回来时，阳光明媚。我吸了一下鼻子，仰头，露台有笑声跌下来，朵朵和谢家皓扯着宽大睡袍的两端，用力抖，熨烫会让亚麻睡袍失去弹性，每次洗完了，朵朵都会在露台上用力抖。啪啪的声音很响，一直把所有的褶皱抖得无影无踪。

可是那件睡袍，他们为什么抖了那么久？啪啪的声音很像鼓点，敲在我的心上。

老楼露台上，谢家皓的目光专注地落在朵朵脸上，有花瓣在缓缓地张开，它们缓缓地积压在我的心上，朵朵茫然无觉。书那么沉，压得我整个身体都在下坠，我缓缓地垂下头。

又然后，一声尖叫，不，是惊叫从露台跌下来。

朵朵连同抖好的睡袍，被谢家皓抱在怀里，他的头埋在她的颈间，若腾然间遭遇醉情。朵朵尖叫，像被打疼了的猫，挣扎着扭头的瞬间，她看见了站在花圃边的我，抱着满怀的书，仰着脸，泪流满面。

朵朵慢慢合上尖叫的嘴巴。我闪进楼梯口，我不要听谢家皓的解释，所以，不要他看见我的影子。

七

开门，迎接我的，又是一声尖叫。因为，买回来的圣代，谢家皓忘记放进冰箱了，它们被温暖潮湿的空气融化了，流了一地，像五彩缤纷的眼泪。

我用纸巾收拾它们的残迹，谢家皓也来帮忙。朵朵气咻咻说："多美好的圣代，你怎么会忘记了？怎么会让它们毁掉了？"

眼泪滴在我指上。我用了整整五盒纸巾来收拾这些美丽的眼泪。第二天，朵朵走了，彻底离开青岛，她说我要去找他。

她的鼓手去广州，这次爱得认真，她不要他仅仅成为自己的伤口，她要去找他，带着她华美的宽大睡袍。

我们给她送机。入登机口时，朵朵折回来，和我拥抱，然后我们都哭了。谢家皓微微咬着唇，我知道，他正努力咬住一种东西。谢家皓没有眼泪，可是，有一滴泪水藏在他的心里。

回市区的路上，我们不说话。我想问："谢家皓，你眼眸中的花瓣还在吗？"

只是，我没有问，因为一启齿泪就会落下来，我不要他看见。夜晚，谢家皓拔电话线，我按了他的手："等她一个平安电话吧。"

同居时代的爱情和寂寞

> 我只能期待新的爱情，在这个年代，
> 我希望在一个阳光灿烂的日子，与他
> 邂逅。

陈小北是个高个子男孩，长手长腿，穿卡其色棉布衬衣和洗旧的牛仔裤。很近地看，可以看到他浓浓的眉和热情洋溢的眼睛，使得那张年轻的脸，光明磊落。陈小北牵了一只纯白的西施狗，珠圆玉润的模样，颈前红丝带系着的铃铛在它摇头晃脑时叮咚作响，很诱惑人的可爱。

我们一起在中介所等房子，城市那么大，却没有我的家。

中介所的男人四十多岁的样子，胖胖的，说一口地道的当地话，他有一对唯利是图的眼睛，藏在虚伪的镜片后。他对我们说了很长时间的话，最后婉转地表达了他的意愿，在一个美好的地段，有一套干净幽雅的房子，两间卧室，中间是客厅，很适合两个人共同租住。他说，你们可以考虑一下，这样能够省钱，也……安全。

他说最后那两个字的时候眼睛温柔地看着我。

我看了一眼陈小北，在经过了如此长时间的叙述后，我的心经过了一波三折已过渡到平稳的状态，可以面对可能发生的任何结果。

陈小北也看着我，我们的脸上都有长时间奔波后的疲惫。

小舔舔，陈小北怀里的那只西施狗也看着我，它有一个生动极了的名字，它喜欢舔接近它的每一双手，那种感觉柔软而亲切。

于是那个六月的黄昏，一个叫陈小北的男孩背着我的行李，我抱着他的小狗，我们打开了一扇新同居时代的门。

这个时代，同居有很多种含义，我和陈小北只是一同居住。

打扫房间，划清界限，然后约法三章。自尊自爱并尊重对方的一切，是所有内容的主题。当然也罗列了细节的问题，比如衣着要检点，有事先敲门，看清对方的电话号码再接电话，不问对方的私事等等……陈小北用了上班的时间把它们打印下来，我们一式两份贴在了各自卧室的门上。

我的卧室比陈小北的大，而且是朝着太阳的方向。

循规蹈矩地过了一段日子，不经意地就熟悉了很多。小舔舔是家里自由的成员，它甚至很快就背叛了主人，开始在我的屋里过夜，在陈小北的屋里做其他吃喝拉撒的事。陈小北说小舔舔是个男孩子，见色忘义。

暧昧的感觉就是从那一刻开始的。然后不知怎么我们就陆陆续续地破坏掉了那些贴在门上的原则。最早是吃了对方做的饭，然后是陈小北死皮赖脸地把换下的衣服塞进我的洗衣盆，再后来我先接了找他的电话，并追问那个说话娇滴滴的女孩子是谁，再再后来，我们的样子都像是对方的监护人了，说话无所顾忌，相互开玩笑，分寸渐失……

那扇门内，所有的空间加在一起也不足 50 个平方，当初人为的界限在不觉中越来越模糊。

那天晚上，我在一个完整的梦结束后醒过来，穿了一件略长的背心光了两条腿穿过客厅去洗手间。睡意蒙眬中吃惊地发现陈小北正坐在客厅的沙发上看着无声的电视。他只穿了一条短裤，脚放在我们吃饭的茶几上，呈 45 度。

我们都被对方吓了一跳。陈小北盯着我，电视的灯光一闪一闪的，我看见画面中贝克汉姆正以优美的姿势跌向绿色的草坪。这时候陈小北说，西西，原来你的腿很好看。

我摸起茶几上的杂志拍在他的头上，他躲闪着，自沙发上一跃而起。

陈小北青春的体魄泛着琥珀色的光。

瞬间的沉寂背后我听到了无数种迸裂的声音，我看到陈小北长长的手臂把我卷过来，还有他的身体，如涨潮的海水，顷刻将我淹没。

我的身体好像挣扎了一下，心却没有。

这是一个属于青春的秘密，它一旦被摊开，就开始肆无忌惮。我们是如此的年轻而精力充沛，我们根本就抗拒不了生命如此原始又如此永恒的诱惑。

夏天最后的日子如火如荼。爱情真好，不管它怎样来。

然后美丽的秋天开始了，就在秋天开始后不久，苏非回到了这个城市。

苏非是我大学时最好的朋友。她是个向往上海的女孩，一毕业就飞了去，再没有音信给我。我记得她走时的模样，168厘米，60千克，健康的黑色长发，齿白唇红，面如新月。

一年后，苏非又站在我的面前，仍然168厘米，不足50千克的样子，黄色的短发凌乱在瘦削的脸上，眼睛里，一片疲惫和茫然。

我收留了苏非，配了钥匙给她，让陈小北每天下午煲他拿手的海鲜汤，我想让苏非回到她从前的模样。私下里，我还有过一种幸福的感觉，爱人在，朋友又从远方回来。自此陈小北又有了许多的禁忌，在客厅衣衫整洁，坐姿优雅，说话也慢声细语，夜晚时，和我悄无声息地在一起。

苏非在最初的日子没有出去找工作，她好像有些变了，不太爱说话，待在家里收拾房子或者洗衣服，我的还有陈小北的，小舔舔也开始和她形影不离，晚上睡在她的也就是陈小北曾经的房里。

我们和平共处，在新同居时代里。

陈小北越来越像成熟的男人，天冷些的时候，他开始穿西装，有模有样的。我在抽屉里发现了一条新的领带，那种丝质纯白色的。

好像曾经，苏非说过她喜欢男孩子打白色领带。我没有追问陈小北那条领带的来历，但觉出了一些异样。三个人共同坐在客厅看电视和吃饭的时间也越来越少了，通常是我和陈小北或者我和苏非。

苏非已经开始上班了，在一家网络公司，她和陈小北都坐319路车，隔了一站的距离。我也坐同一路车，相反的方向。

冬天来临，没有暖气的屋子冷得让我恐慌。陈小北在我身边，不应该会冷的。

我不是在家里看到陈小北和苏非在一起的，这是他对我最后的爱护。在苏非上班的写字楼前，有灯光的空地上，她和陈小北抱在一起。

末班车已经驶过去了，我站在一栋建筑黑暗的阴影里，我奇怪自己对他们迟归的一个平常的晚上有如此真确的预感。

我是爱陈小北的，爱他光明磊落的面容和他青春的体魄。这是多么熟悉而无聊的故事，在泛滥的新同居时代里。

最后的那个晚上，陈小北抱我的时候，忽然的，我感觉不到他身体的温度。我在窗棂透过的光线里看着，我说小北，苏非可给过你同样的激情？

陈小北眼睛里的光彩瞬间熄灭。

我搬离那套房子，小舔舔在门后幽怨地看着我，苏非的头发又长了，散下来，遮着她的眼睛。她说西西，我没有爱陈小北，我只想有个人疼，而他，是离我最近的一个。西西，我们不该住在一起的，这是一个错误。

这是一个错误。

我和陈小北呢？我们的爱情，是因为爱情，还是因为，我们住在了一起？

我走出那扇门，想让自己置身大千世界，好好想个明白。

陈小北没有留我，我以为已经碎掉的心在一个新的、只有我一个人的空间睡过一觉，醒来后还是完整的。

我只能期待新的爱情，在这个年代，我希望在一个阳光灿烂的日子，与他邂逅。

第二辑
幸福要靠两个人创造

爱上男主播

老公，就是婚前在你面前衣冠楚楚，婚后在你面前不修边幅的人；老公，就是婚前对你的唠叨百听不厌，婚后对你的唠叨不胜其烦的人……

辣椒女孩燕南飞不顾一切爱上雨桐的时候，那可真是像森林大火一样势不可挡，还把我这个无辜的生灵无情的席卷进熊熊火焰，差一点就香消玉殒。

可是我也没有办法，谁让她是我的闺中密友，士为知己者死，我甘愿两肋插刀。

原以为燕南飞真的如她自己信誓旦旦的那样，一生独身，一世逍遥。

当我和瑞昕爱得死去活来的时候，她不是从鼻子哼出冷气，就是故作轻佻的叼根摩尔烟，然后用不屑一顾的眼光从头发到脚尖的打量我："你会嫁给瑞昕吗？"

"你还知道关心我的终身大事，不嫁他我谈什么恋爱啊？"

我恨透了她那副自作聪明的样子，特别是她专门挑我和瑞昕卿卿我我甜甜蜜蜜的时候，不敲门就忽然闯进房间破坏温馨氛围，还吓得我们心惊肉跳——想起来我的牙根都气得生疼。

"宝贝，知道什么是老公吗？老公，就是婚前只看你的脸蛋是否漂亮，婚后只看你的双手是否能干的人；老公，就是婚前对你常发誓，婚后对你常发火的人——"

她闭上薄嘴唇，看我正对她怒目而视，嬉皮笑脸地说："*丝丝*啊，还想结婚吗？嘿嘿……"

"关你什么事！我愿意，管得着吗？你走你的阳关道做你的女强人老处女，我走我的独木桥做我的贤妻良母。哼，人各有志，你以后进我房间多敲几下门，我就给你烧高香了！"

我扑上去掐她的脖子，驱散她脑袋上的云遮雾罩。

其实我蛮羡慕她的看破红尘、潇洒飘逸。都25了，还真的没有谈过恋爱。如此深知男人坏秉性的女孩，除了她，我只在屡次失恋的怨妇中才能找得到。

不禁多次在瑞昕面前由衷赞叹，如今像燕南飞这样年轻俏丽的女孩，哪一个不是痴痴怨怨为爱消得人憔悴，像我，整个儿一俗世女人，何时才能像她这么指点江山，笑看风云呢？

你就省省吧，何丝丝同志，你还没有学会透过现象看本质。你别看燕南飞现在像个风风火火男人婆似的，那是她还没有遇到命里注定来降服她的人，不信走着瞧，到时候只怕她疯狂起来，你我只有望其项背的份儿。

瑞昕的语气不容置疑。

与瑞昕坠入爱河以后，才知道和这个男人婆共租一间房是多么不明智的简直就是愚蠢的决策。

为了扭转自己的被动局面，我和瑞昕尝试了多次给她介绍男朋友，不是被她嗤之以鼻的拒绝，就是抢起笤帚把衣冠楚楚上门相亲的给轰跑。

"何丝丝，我就知道你和瑞昕黄鼠狼给鸡拜年——没安好心。别想把我扫地出门，好让你们这对鸳鸯双宿双栖。想让我出嫁，嘻嘻，下辈子再说吧。"

对于燕南飞，我是彻底绝望了，知道万念俱灰是什么感觉吗？

"哎，丝丝，明天晚上电台音乐频道要采访我，作为大学生创业的先进典型，俺们就要出名了，哈哈。你说我穿什么衣服好，要不要到美容院做个拉皮拍根黄瓜？"半夜三更，她又像猫一样神秘兮兮的潜到我的床上，把我吓个半死。

"燕南飞，你有没有搞错？你是到电台，又不是电视台，打扮得花枝招展白骨精一样给导播看啊？还大学生创业呢，连个家都不想去承担，还谈什么事业，也不怕丢人？你啊，去准备一下文字材料，喝点胖大海润润嗓子，在电台做节目，听你高谈阔论的圆润的声音就够了。有做美容的钱，还不如请我去吃黯然销魂面。"我一翻身，丢给她一个后脊背。

"明晚 8 点，你记着收听我的节目啊。"她伏在我的耳边，用少有的低分贝说。

不巧的是，第二天我从下午一直采访到晚上 8：50 分，才匆匆打车回家。

在车上我厚着脸皮请司机把电频调到音乐台，终于听到一个尾巴：燕南飞：其实，我也做过很多愚蠢的事情，只要我表现出毫不在乎，别人就会把它叫作自信，反而给我更多的支持与拥护。(谬论，还挺会给自己贴金。)

男主持：呵呵，我想燕小姐正是通过这种方式，化不利为有利，变天堑为通途，使得自己的事业蒸蒸日上的吧……（是不是主持人对拍马屁都很在行？）

晚上 9 点 30 分，我听着音乐，赶写着采访稿子，掏好了两只耳朵准备听这个活宝演讲她的电台见闻。可是，明明听到她开门，换拖鞋，洗漱——然后就悄无声息了。蹑手蹑脚地走过去，她的房间大门紧闭，灯已经熄了。

只要太阳从西边出来，一定有什么不平凡的事情要发生。

一个星期过去了，没有见到什么稀奇古怪的事发生，灰头土脸的我觉得没劲，燕南飞这个不可救药的疯丫头连一点点意外惊喜都不会制造。

我抱着一摞材料倦倦走进家门——

"哇，救命，恐吓！"我把手里无辜的纸张天女散花，差一点背过气去。

屋里全密密麻麻的贴满了一个男人的照片，幽灵一般充斥着每一个角落，仿佛每个空气分子都携带着他呼出来的气息。

"燕南飞，你给我出来，你到底想干什么？要是活腻味了就提前说一声，我来成全你！"

我气势汹汹地冲向她的房间——她自己倒是理直气壮地出来了，还化着一点淡妆："现在我宣布，我要告别独身时代，我喜欢雨桐。你要是够朋友，就帮我把他追到手，要想让我结婚，除非是他！"她再次摆出一副"圆规"的架势。

我扶扶快要滑掉的眼镜，为什么目瞪口呆的总是我？

后来我才知道，雨桐是音乐台和燕南飞一起做节目的那个拍马屁的男主持，声音低沉婉转，素质比声音出色，相貌比素质精彩，现在已经是所在调频的台柱子之一了——否则也难以获得独身主义者的垂青。

我马上铆足了力气，巧妙运用我们是媒体同行的天时地利之便来探听关于他的一切，却引火上身。什么女记者何丝丝爱上男主播雨桐的消息不胫而走，绯闻在新闻单位比党的大政方针流通的可是快多了。业内人士，不管谁见了我都捕风捉影、明察暗访一番，都是吃饱了没事儿就豆棚瓜架的货色。

为此我也没有向瑞昕少费口舌解释，不过，自己人终究还是自己人，知道凡事要顾全大局、集体利益为重，并且同我一起忍辱负重、并肩战斗，充分调动一切可以调动的力量积极因素来寻找可以带着燕南飞约雨桐见面的机会。

后来终于利用到电台组稿的机会，见到了雨桐。他的确是那种让女孩子过目不忘的人，成熟沉稳又不乏天真幽默，难怪让燕姑娘情窦初开、芳心大动。

幸好他暂时没有女朋友，否则非让男人婆绝食不行。

当感到和他聊得不错时，我忽然说："其实，我也做过很多愚蠢的事情，只要我表现出毫不在乎，别人就会把它叫作自信，反而给我更多的支持与拥护。"

他愣了一下，沉思片刻，问我："你认识燕南飞小姐？我记得这是她做节目时说的一句话，给我的印象很深。"

"今晚8点名典咖啡，你面前的漂亮小姐请你吃饭，当初说这话的漂亮小姐负责买单。"

我知道凭燕南飞的智慧与表演技巧，攻下雨桐这座碉堡不费吹灰之力，更重要的是她与生俱来的出水芙蓉一般的气质，着实送来不少印象分。加上我的推波助澜，瑞昕的抛砖引玉，令我们成为他们后来喜结连理的头号恩人。

自从那晚以后，太阳天天都从西边升起，燕南飞开始女为悦己者容，开始学习如何化妆健身烹饪，开始讲究吃穿住用，开始心有所牵、思有所挂，开始懂得体贴理解人，开始学会敲门，开始为另一个人张罗纷繁世事……

"从燕南飞身上，我也看到你为我所做的牺牲和改变，丝丝，你们女孩子有时候不可理喻，但更多时候让我们男人由衷地敬佩、热爱和钟情。"连大大咧咧的瑞昕都良心发现了，感动的我泪眼婆娑不说，还白白赔给燕南飞一千个感谢。

两年以后，我带着燕南飞去婚纱店试婚纱。

她兴奋甜蜜的像个孩子，马不停蹄的要把店家所有色彩的婚纱都试一遍，最后终于选定了一件纯白色的镶嵌着精致玫瑰花的，高贵而典雅。

我也不怀好意地对她说："燕南飞，你想嫁给雨桐吗？"

"不嫁给他我试什么婚纱呀？"

"宝贝，知道什么是老公吗？老公，就是婚前在你面前衣冠楚楚，婚后在你面前不修边幅的人；老公，就是婚前对你的唠叨百听不厌，婚后对你的唠叨不胜其烦的人，"我嬉笑着，"南飞，还想结婚吗？"

"我愿意，不要以为你的诡计得逞了就在这里得意，有本事当初别嫁给瑞昕啊！"她用白色的婚纱羞涩的蒙住通红的脸蛋。

午后的阳光悄悄照射在她耀眼的婚纱上。

浪漫不成也是情

> 这样浪漫的情景只有在电影里才有呢，保证让她一辈子都忘不了，以后一想起这件事来都会忍不住开心地笑……

丁建和沙琳的爱情奔跑了五年。他们在校园里牵手，然后又到了不同的城市工作，相思路上电话书信不停，你来看我我去看你，日子也还充实。一转眼丁建调动了工作，回到沙琳所在的城市，两个人的爱情也就要瓜熟蒂落了。沙琳使出了最后一招撒手锏："娶我？想个好办法求婚吧！"

这可难坏了平素不善于制造浪漫情境的丁建。他是学建筑专业的，画图纸算数据很在行，怎么求婚却没想过。但他理解沙琳的心情，马上就水到渠成了，为了攻克这个"最后的堡垒"，他也开始注意起生活的小细节来。看电视，电视剧里的男女爱得天崩地裂，求婚的方式也五花八门，动辄玫瑰花成堆，又开酒会又动用直升机……太难实现了。翻杂志，文章里的故事曲折传奇，总是那么富于戏剧性，男人一个温柔的眼神，一句温存的话语，女孩子立即心领神会地做了爱情的俘虏……可他和沙琳不行，两个人太熟了，明摆着要结婚的事情，可就是要撑着这一关，天知道是谁发明了"求婚"这鬼东西！

这天丁建偷偷到首饰店里去买求婚戒指，这枚戒指是以前两个人逛街的时候发现的，沙琳非常喜欢。他揣好戒指往回走，一边琢磨着，该怎样把戒指交给她，并让她惊喜地接受呢？经过一家生日蛋糕店的时候他猛然想起，下周六正好是沙琳的生日，灵感在他的脑子里迸发出来了。

这真是个好时机！他浮想：烛光摇曳，红酒飘香，音乐悠扬，蛋糕可口。她闭着眼睛许愿的同时，自己突然掏出戒指来求婚……虽然有点而俗，但应该是百试不爽的吧！于是他信步走进了蛋糕店，要营业员帮他定做一个生日蛋糕。

营业员是个漂亮的小姑娘，飞快地在订单上记录着，又问："您要什么类型的蛋糕呢？要不要特殊一点儿的？"她解释说，这里的蛋糕有"整蛊型"的，就是切蛋糕的时候蛋糕会弹起来扑到人脸上的那种，也有"浪漫型"的，比如说点燃蜡烛时蛋糕的底座会发出动听的音乐来，还可以自由选择音乐曲目，还有"传统型"的，就是蛋糕不做什么机关，但形状可以各式各样……丁建想了想，说："就要个浪漫型的吧。"

选择的曲目《ONLY YOU》做背景音乐。小姑娘又问："您要在蛋糕上写什么字呢？"丁建想了好一阵儿，说："就写：吃完它，就嫁给我吧！"小姑娘心领神会，说："您可真是个浪漫的人啊，在生日的时候求婚最合适了……不过，你想不想让她更惊喜一些？让她终生难忘！"丁建问："你有什么好注意吗？"小姑娘说："您把戒指藏在蛋糕里，切给她吃。她吃着吃着突然就吃出一个戒指来……多么出其不意啊！这样浪漫的情景只有在电影里才有呢，保证让她一辈子都忘不了，以后一想起这件事来都会忍不住开心地笑。"丁建一听，是很新鲜，于是兴高采烈地接受了她的建议，并把戒指交给了她，订好下周六提前来取蛋糕。

令人兴奋又等待的周六终于到来了。丁建约好了沙琳，布置好了房间，急匆匆地到蛋糕店取了蛋糕。小姑娘把蛋糕包装好交给了他，笑吟吟地说："欢迎下次光临！都准备好了，祝您成功！"

一切进行得非常顺利。沙琳一进门就陶醉在房间漂亮的布置和烛光旖旎的情调中。丁建把生日蛋糕打开，她看到了蛋糕上的字"吃完它，就嫁给我吧！"，顿时眼睛都迸发出异样的神采来。丁建不动声色地帮她点燃了生日蜡烛，唱生日歌，沙琳许愿，然后切蛋糕。可突然，丁建发现了一个严重的问题——蛋糕被他切成了六块，他不知道戒指藏在哪一块里面了！怎么办？这么大的一个蛋糕，不可能让沙琳一个人全部吃了吧？这时门铃响了，原来是他的好朋友夫妇两个人带着五岁的孩子来玩儿。

朋友进了门才发觉这两个人是在搞浪漫生日晚餐，忙尴尬地往外走，说下次再来玩。沙琳热情地挽留着，小孩子看到了蛋糕，就吵着要吃。

沙琳叉起一块蛋糕端给了小孩子。丁建心里立即紧张起来，看那小孩子大口大口地吃着，自己心惊肉跳……天哪，千万别出什么差错啊……偏偏"咯嘣"一声脆响，小孩子咬到一个硬物，咯得他"哇哇"大哭。吐出来一看，那枚戒指粘着口水和小孩子牙齿的血迹，还闪闪发光呢！

沙琳惊异地看着眼前的一切，继而忍不住迸发出了开怀的笑声，笑得朋友夫妇都愣住了，而丁建尴尬地不知如何是好，搓着双手，脸色通红，额头冒汗……

入夜时分，沙琳坐在阳台上乘凉，仍忍不住打趣丁建，说："喂，不是说吃完它，就嫁给你吗？我可没吃到！"

丁建讪讪地笑，吞吐着说："我……不是想给你个惊喜嘛……那你还嫁不嫁?"

　　沙琳说:"我没吃到,我不嫁。"

　　丁建说:"真的?"

　　沙琳又笑了,说:"看你那傻样儿!"

爱上单眼皮女孩

> 我一抬头,下意识地盯着那个女孩子的眼睛。瞬间,我呆在那里。我想,我终于体会到什么叫一见钟情了。

单眼皮和双眼皮

　　老爸和老妈就生了我和姐姐妮尔。我是双眼皮,妮尔是单眼皮,这天生就注定的事实妮尔却从小怨到大,一直到十几岁,妮尔还会忍不住在老爸老妈面前抱怨:单眼皮丑死了!弟弟是男孩,为什么把他生成双眼皮?每当这时,老爸老妈只能一脸无辜:妮尔,这可不是我们能够控制的呵!

　　有一次,妮尔又在发关于自己是单眼皮女孩的牢骚,她居然说自己将来肯定嫁不出去,我赶紧安慰她:妮尔,你放心,单眼皮女孩一样嫁得出去。我长大了,一定带回个单眼皮女友给你看看!妮尔这才破涕为笑。那一年,我13岁,妮尔16岁。其实,我也是随口说说,我那时狗屁都不懂。

　　10多年过去,我早忘了这事,女朋友谈了一个又一个,从来没有成功的。如今,连妮尔这个单眼皮女孩都已成为单眼皮女人,嫁做他人妇。前些日子,妮尔回来,问起我的终身大事,知道我依然是光棍一条,表示同情和理解。她还故意气我：唉，我以为双眼皮男人有多吃香呢！妮尔说这话时一脸单眼皮女人的优越，把我气得半死。然后，她提起我13岁那年所发的长大后找单眼皮女孩当女友的誓言，我这才恍然大悟：前任女友们个个都是双眼皮，难怪没有成功。何不真找个单眼皮女孩来爱爱看？妮尔这样提醒我。

可是这单眼皮女孩到哪儿去找呢？一连几天，我都在想这个听起来很愚蠢的问题。害得我晚上失眠，睡不着觉。我像神经病一样，半夜爬起来看日剧。那些日本青春偶像剧里的俊男靓女大多都是单眼皮，特别是那些女孩子，小眼眯眯，微微一笑，杀伤力还蛮强的。我在电视机前，看得激动不已。我暗自纳闷：以前怎么就没发现单眼皮女孩的魅力呢？连夜加班加点地看完那些浪漫的日剧，更坚定了我找单眼皮女孩做女友的想法。

遇见 100％单眼皮女孩

一个星期后，我接到我那帮哥们的电话，邀请我周末参加在老鱼家搞的一个 party。老鱼的话令我心动：哥们，一定要来捧场哦。开 party要是少了你这个帅哥，还能叫 party 吗？我在电话这头得意地笑，虽然明知老鱼这家伙，向来爱一派胡言。最后，老鱼在电话那头压低声音又强调一遍，记住，美女如云。

老鱼的这最后一句话，是促使我参加这个 party 的原动力。既然是美女如云，我自然要亮出我最酷的形象。那天，我在镜子前很自恋地照了又照，还破天荒地用了些古龙水。刚从出租车上下来，就看见老鱼一脸焦急地站在门口。见到我就揍了我一拳：臭小子，不愧是迟到大王。就差你一个人了，快！我问老鱼：有没有单眼皮女孩？老鱼瞪了我一眼：你神经病，那么挑剔！我们这些赖皮光棍，能够找到女孩就不错了。我接过老鱼的话：哎，老鱼，光棍我承认，赖皮我可不敢当，我哪敢与你平起平坐呵。我一幽默，老鱼也傻笑，又是一拳打过来：少耍贫嘴。我赶紧不吱声，因为已到了门口，我立刻做出一副很酷的样子。

这真是个热闹的 party，客厅门一开，我那些哥们，还有些我压根不认识的男女，正随着音乐狂舞，像一群在庄稼地里舞动的害虫。

我早知道老鱼的话特夸张，不能信。什么美女如云，简直一派胡言。我目光锐利，扫视一圈后，"美女"我已尽数看过，都不中我的意。我不知是我来晚了，还是我不够有魅力，在打过招呼以后，居然没有"美女"来理我。都是成双成对的，连老鱼的身边也有"美女"相伴。我失望透顶，不过，我注意到了，那些女孩中，没有我热爱的单眼皮，我只好呆坐在角落里。从口袋里掏出香烟，结果打火机没气了，半天也打不着，就在我感觉丢脸和沮丧之际，一个女孩子很温柔的声音传过来：喏，这儿有一只打火机。

我一抬头，下意识地盯着那个女孩子的眼睛。瞬间，我呆在那里。我想，我终于体会到什么叫一见钟情了。她是单眼皮女孩，而且，还是个漂亮的单眼皮女孩，好像那个日剧里的女主角。这是一条被我目光遗漏的美人鱼，我暗暗想。我正准备接过打火机，倒是她主动把火打燃，递过来，帮我点燃了烟。我受宠若惊，正思索着下一步怎么办时，老鱼和他身边的那位"美女"走了过来，指着为我点烟的女孩说：顺顺，忘了向你介绍，这是我从小玩到大的哥们，宋小兵，外号"迟到大王"。我没想到老鱼会这么不给我面子，如果不是顺顺在场，我恨不得一拳打肿他的嘴。老鱼那张嘴噼哩啪啦地说了我好多鬼话，足以让我"遗臭万年"。我早没心思摆酷，只好装作很憨厚的样子对着顺顺一个劲地笑。

不料顺顺却说：我对你这个"迟到大王"的绰号感到很亲切。我一惊，正准备为自己辩解几句。又听到她说：我从小也是个迟到大王。念书时，我要是不迟到，教师都会纳闷。有好多次，我迟到还是我妈妈陪着我一起去学校撒谎。顺顺说这话时，一脸的俏皮，长长的眼睫毛一眨一眨的。我笑着说：你妈妈可真有意思。那你工作以后迟到怎么办呢？我又问她。听我这一问，顺顺的目光便黯然了，俏皮的表情立时无踪。我15岁时，我妈妈死于一场车祸。顺顺低低地这样说，眼里隐约有泪。我霎时无语，连连道歉。看着她那张娇美的脸，我心生怜惜。

疯狂的单眼皮女孩

我和顺顺就这样谈起了恋爱。她的性格独立，父亲在母亲出车祸以后，不久就又再娶了。顺顺大学毕业后，就一个人住进了单身公寓。有过两次失败的爱情经历。这些都是在我和顺顺恋爱以后，她告诉我的。说实话，和顺顺在一起，我有一种很强烈的保护欲。这些是我对过去的那些女友从来都没有过的感觉。拥有了顺顺，我变了很多，不仅成熟了，也有责任心了，连我老妈都说是爱情的魔力，改掉了我一贯的油腔滑调。

　　我想，这就是真正的爱情了。有时候我忍不住会想，我大概真的是和单眼皮女孩有缘分，要不为什么会在如此短的时间就让我意乱情迷？全家人包括妮尔见到顺顺，都是看后满心欢喜。妮尔更是一脸的得意：小兵，亏我这个当姐的及时指点迷津，成全了一段好姻缘。

　　和顺顺的恋爱，让我悟出一个事实：爱情无所不在，关键是对不对路。4个月以后，我决定向顺顺求婚。我想，在这个流行"速食爱情"的时代，不会有人笑我吧。我忐忑不安地把这个想法告诉老爸老妈。我以为他们会反对，没想到他们双手支持。我老爸一副经验老到的样子：儿子，这爱情呐就怕夜长梦多，要抓紧时间进行到底。想当初，我和你妈……

　　我老妈的目光一斜，老爸就乖乖地闭上了嘴巴。其实我也知道老爸要说什么：他和我老妈认识到结婚，只用了两个月的时间。现在想起来，我都觉得好夸张。不过，他们幸福得一塌糊涂。这在我恋爱失败时，一度成为我嫉妒的资本。看着老妈和老爸挤在一张大沙发上幸福地依偎着，一副少年夫妻老来伴的甜蜜。我忍不住在心里大声疾呼：我爱老爸，我爱老妈，我更爱单眼皮女孩。

　　我把向顺顺求婚的日子，选在了浪漫的情人节。我捧着一大束玫瑰，敲开了顺顺的公寓，顺顺一脸幸福地接过玫瑰，在她低头闻花香时，我趁机吻了她一下。然后对她耳语：我爱单眼皮女孩。顺顺脸微红，故意开我玩笑：爱所有单眼皮女孩吗？我大笑，心想，女人都有明知故问的毛病，偏要男人说个通透才罢休。我只好用身子蹭着顺顺，一脸讨好地说：当然是就爱你一个人！我话音刚落，顺顺已经把玫瑰丢在地毯上，双手勾着我的脖子，一阵狂吻，连说话都有些口吃：小兵，那，那，那我们就结婚吧……

　　天哪！这个疯狂的单眼皮女孩！

　　不过，我爱。

相亲时我爱上了媒人

最后一次相亲，相上的，却是月老，
那个站在主角旁边的男人。

秀第三次让我相亲，这次，她说男方人帅、体贴又顾家，准行！晚上一身淑女妆到茶吧，对面座的两个小伙都还帅，健是男方的月老，勇是介绍给我的。

双方媒人巧舌如簧，秀夸张地赞勇每个月工资上交他妈，成家后必是丈夫中的模范。话刚落，健又接道："看准了就要下手快，好男人就像蓝筹股，大家都喜欢，你不先下手就没了。"无意提到蓝筹股，我聊兴顿起，自然而然就和健把谈话转到了股票上，谈兴正酣，秀却说出门溜溜，硬拉着健走了。

没了对胃口的聊友，我沉默下来。勇像个替补队员，打破尴尬说："炒股不好，算不过大资金的。所以我现在不会炒，将来也不会去炒。"他不合时宜的反驳让气氛更加冷场。

我慢慢啜着咖啡，想着那些红绿股票，忽听他问我业余时做些什么，于是随口说聊天上网码字。一听上网，他居然用语重心长的口气告诫我："听说网上最没意思。骗子不少，而且现在的网络文学差不多等同于垃圾文学。像我，写文章都往大报送。"我黯然听完，真想弃桌而去，转念，又觉得太拂了秀的面子。

两个媒人还没出现，我只好对牛弹琴："我上网不为聊天，主要写文章，我有个网名叫上邪。"看他没明白，我扯过纸，写给他看。谁知他却乐了："上邪（xié）？这名字古怪，还不如叫东邪西毒更生猛。"我的笔差点跌下桌。看来，这是个自负过头的家伙。我像教小学生一样："这字读 yé，是汉乐府一首诗的开头。""哦。我喜欢现代诗，古体诗太迂腐、晦涩，不喜欢。"他的样子有点讪讪的。

时间在凝止，两个人也在凝止，像两座石雕，怀想各自的心事。

媒人总算回来了，健眼尖，看见报上的"上邪"二字，玩笑道："'上邪，我欲与君相知，长命无绝衰'，嗬，我们才出去一会，你们就已经过渡到发誓了？"我心里掠过一丝惊喜，连忙说别开玩笑。

相亲结束，我鼓足勇气提出让健送我，勇铁青着脸独自而去。我和秀、健一起。半道上，秀却先告辞了，估计我们一个劲的股票话题，无意中把她冷落了。

半年后，所有亲朋好友都知道我和健恋爱了。

最后一次相亲，相上的，却是月老，那个站在主角旁边的男人。

细节动人

她为自己的选择感到庆幸，是啊！
自己总不能老是跟在母亲的后面。

谁能说她不优秀呢？漂亮，有文凭，还有一份令人羡慕的工作。但是，她二十九岁了，婚姻问题却还没解决。要知道，早些年总是她在挑选别人，包括因她而骄傲的母亲也常常为她参谋。

第一位是个军人，母亲说你怎么能忍受两地分居的痛苦呢？第二位是她的同事，但是他却是农村出身，没有钱，买不起结婚的房子。母亲说，嫁这样的人，要受一辈子的穷。

于是，她放弃了。

对她的刺激是，这两位可以成为她男友的人，现在生活得都不错。一位军队转业，分到了金融系统工作。一位则考取了研究生，有了一个美好的前程。

她有时恨自己，并且迁怒母亲，如果她坚持自己的选择，也许会很幸福。

她在 30 岁时候的一次同学聚会上，认识了一位校友。校友已是一家小公司的老板，读大学时，曾是她的追求者，不知什么原因，他至今仍是独身。

那天，他们谈了很多。她回来后，才发觉自己很久没有像今天这样开心过，并且想起了以前的一些事。

他们开始交往，很快进入了状态。

他很喜欢她，也尊重她的母亲。但是，她的母亲对他并不满意，说他举止轻浮。母亲极力反对女儿和他交往。

这一次，她没有听母亲的话，和母亲大吵一场，搬出了家，并且很快就与他结了婚。

她的选择是正确的，他为人诚实，并且他的公司发展很快，资产总值已达到了几百万。看到女儿幸福，母亲也原谅了她，两人重归于好。

有次她问起母亲，为什么说他举止轻浮。母亲说："我们第一次一起逛街，他在我的面前竟然勾你的肩。"

她回来向丈夫说起，丈夫听了，想了一会儿。他说："记起来了，那次我是拍拍你的肩，让你不要走得太快，你母亲跟不上你了。"

她听完后，就呆住了，她为自己的选择感到庆幸。是啊！自己总不能老是跟在母亲的后面。

幸福纸团

事实证明，我扔给你的是一个幸福的纸团，我因此顺利地考上了大学不说，你也步入了大学的殿堂。

邵剑上课的时候喜欢转身与身后的徐正浩讲话，老师为这事批评邵剑好几次了，但邵剑依然故我。

邵剑并不是真的与徐正浩多么的谈得来，他回头说话只是想偷偷瞅几眼坐在徐正浩身后的庞蕾。

庞蕾是班上的学习委员，人长得漂亮，学习成绩更是一级棒，邵剑早在读高一的时候就偷偷喜欢上了她。到高二的下学期，邵剑抑制不住自己的感情，写了一封情书偷偷夹进了庞蕾的书里。那情书密密麻麻三大页，遣词造句都是火辣辣的烫，邵剑以为庞蕾看了一定会感动，但情书夹进庞蕾的书里一个多星期了，庞蕾一点反应都没有。每次他借故回头看庞蕾时，庞蕾正眼也不瞧他。

邵剑很生气。不管你接不接受我的爱意，你起码也得回个话有个说法呀，凭啥就正眼都不瞧人？我就不信我引不起你的注意！

邵剑打定主意要引起庞蕾的注意，但靠将学习成绩提高上去达到这个目的显然是不可能的，因为邵剑的成绩一直在班上的后 10 名之列。要想引起庞蕾的注意，就只有在其它方面出风头。所以邵剑迷上了上课捣蛋，与老师顶牛。他发现，只要自己上课一捣蛋，庞蕾一准会皱着眉头瞧着自己。邵剑心里挺乐，管你皱眉还是不皱眉，只要你注意到我就好了。

这一天上自习课，教室里没有老师，邵剑又转身与徐正浩说了一会儿话，但庞蕾专心做着自己的作业，压根儿就没理睬他，徐正浩对他的态度也很冷淡，他只好转回身去，拉着前面的同学，一定要讲笑话给那个同学听。

才讲了几句，邵剑的后脑勺被什么东西"啪"地打了一下。邵剑回过头来，只见一个纸团在地上滚来滚去。很显然，是有同学对他大声讲话的做法不满，扔纸团打了他。这一下，邵剑来劲了，大声冲全班的同学叫了起来："是谁？谁打了我？"同学们纷纷抬起头来，看了他一眼，但又都埋下头做作业去了。

邵剑见没人承认，哪肯罢休，他弯腰捡起了那个纸团，一边将那纸团展开，一边说："没人敢承认是吧？那好，我就不信我查不出来……"一句话还没说完，他就噎住了，因为，那纸团竟是一封信。他迅速瞄了一眼信的末尾，署名就是庞蕾！

邵剑的心跳顿时加速，庞蕾终于给自己回信了！他攥紧那封信，迅速跑出教室，躲进了厕所里。信很简短，只有几句话：

"邵剑：接到你那封情书的时候，我失眠了两个晚上，我的心里非常矛盾，不知道该怎样说出自己的感受。说实话，刚进高一那会儿，我觉得你很帅，那时我就偷偷喜欢上了你。但现在收到你的信，我并没有多大的惊喜。因为我的父母不允许我读高中时早恋，他们说，如果发现我在高中与哪个男生递纸条写情书，他们立即就让我转校。我不想转校，所以我不能给你写信，也不能接受你给我写的信。而且我的父母给我下了死命令，我今后的男朋友必须是读过大学的。而你，以现在的状态，能上大学吗？我很担心。你说你爱我。如果这句话是真心的，你就应该为你自己，也为我俩的未来认真学习。我将在大学校园里等你。但在此之前，请你不要找我，我要看的是行动，而不是空洞的语言。庞蕾。"

读完这封信，邵剑激动得满脸通红，他做梦也没想到，庞蕾也是喜欢他的呀。

邵剑心里惶惶不安：以我现在的成绩，我能考上大学吗？他没有多大的信心。但不管怎么说，他打算放手搏一搏，庞蕾在信中已经说得再明白不过了。他们的爱情，必须建立在上大学的基础之上。就冲着庞蕾的那个约定，他也要努力一把，哪怕考不上大学，他也要用行动来证明，自己对庞蕾的感情是真心的。

从此之后，邵剑像变了一个人似的。他上课时再也不回头与身后的徐正浩讲话了，更不在课堂上捣蛋了。他认真听讲，认真学习。铆足了劲要考上大学。但他的基础太差了，并不是想学好就能学好的。他干脆拿出高一时的课本，每天晚上回到家里加班加点，从高一的知识学起。高二的那个暑假，他更是足不出户，窝在家里一点一点地啃书本。

功夫不负有心人。邵剑的成绩在不断地长进，老师和同学们看他的目光变了，庞蕾也对他露出了赞许的目光。高考前学校举行模拟考试，他的成绩竟名列全班第 5 名，总分只比庞蕾少了 3 分。填报志愿的时候，邵剑从老师那里拿来了庞蕾的志愿表，几乎是一字不差地将庞蕾的志愿抄在了自己的志愿表上。看来，与庞蕾在大学校园里牵手的愿望能实现了。

邵剑和庞蕾同时被华中理科大学录取了。接到大学录取通知书的那一天，邵剑做的第一件事就是打电话给庞蕾，迫不及待地约她在东湖见面。

当一袭白裙的庞蕾出现在邵剑的视线里时，邵剑再也不用控制自己的感情了，他冲上去，紧紧握住了庞蕾的手，激动地说："庞蕾，我终于考上大学了，我终于实现你那个约定了，我现在可以好好地爱你了。"想不到庞蕾听了他的话，吃惊得睁大眼睛，后退了两步，惊讶地问："你说什么呀？没头没脑的，什么约定什么爱的，我真不知道你说什么？"

邵剑懵了："你怎么不知道我说什么呢？你不是与我相约在大学校园里牵手吗？你看，你的这封信我一直还保留着呢。"邵剑一边说一边掏出了庞蕾写给他的信。庞蕾接过信，看着看着，脸就红了："邵剑，这封信不是我写的。我怎么会写这样的信呢，我还只是一个高中生呢。而且，而且我，我也从来没喜欢过你呀。"

邵剑愣住了，这怎么会呢？

庞蕾诚恳地说："说实话，以前我真的不喜欢你，甚至还有点讨厌你。你不认真学习不说，还爱上课讲话，捣蛋，影响我们的学习。倒是后来，你变了个人似的，不但不影响课堂纪律，还认真学习，进步飞快，仅一年的时间就从全班后 10 名跃居全班前 5 名。只是从那以后，我才改变了对你的看法，觉得你这人真的不简单，我才有点钦佩你。"邵剑说："我的改变就是从接到你的这封信开始的呀。我喜欢你，所以我写了一封信偷偷夹进你的书里，你就给我回了这一封信，说我要是真心喜欢你，就要考上大学，所以我才努力的。"庞蕾笑起来："这么说，你能考上大学，还得感谢这封信了。不过，我还是要向你申明，我没接到过你的情书，我也绝对没向你写过这封信。这可能是谁搞的恶作剧。"

那么，是谁搞出这样的恶作剧呢？直到邵剑进入华中理科大学读书的时候，收到高中同学徐正浩的一封信，才弄清了事情的原委。原来，那封信是徐正浩模仿庞蕾的笔迹写的。那时，邵剑每天上课都要转身与他说话，严重地影响了他的学习，他苦恼极了。直到有一天，他向庞蕾借一本书看，发现了夹在书里的那封邵剑写给庞蕾的情书，他才恍然大悟。原来，邵剑不厌其烦地与自己说话，目的是为了多看坐在自己身后的庞蕾几眼。他知道庞蕾非常讨厌邵剑，所以他将这封信抽了出来，再没有夹进书里。同时，他想到了一个不让邵剑打扰自己的妙招。如果以庞蕾的名义给邵剑回一封信，激励邵剑考上大学，那么，邵剑能认真学习不说，自己也能免受其害了。所以他模仿庞蕾的笔迹写了那封信，并揉成一个纸团，扔到邵剑的后脑勺上。结果，这封信真的发生了神奇的功效。他在信中说："邵剑，你不要责怪我搞出这么一个恶作剧，事实证明，我扔给你的是一个幸福的纸团，我因此顺利地考上了大学不说，你也步入了大学的殿堂。"

徐正浩说得没错，那个纸团真的是幸福的纸团。邵剑在大学里与庞蕾同学了四年，在四年的交往中，庞蕾渐渐对邵剑产生了感情。大学毕业后，他俩真的牵手了，双双步入了婚姻的殿堂。

如果蚕豆会说话

> 如果蚕豆会说话，它一定会对她说，
> 我爱你。那是他用一生凝聚起来的语言。

二十一岁，如花绽放的年纪，她被遣送到遥远的乡下去改造。不过是一瞬间，她就从一个幸福的女孩儿，变成了人所不齿的"资产阶级小姐"。那个年代有那个年代的荒唐，而这样的荒唐，几乎改变了她一生的命运。

父亲被批斗至死。母亲伤心之余，选择跳楼，结束了自己的生命。这个世上，再没有疼爱的手，可以抚过她遍布伤痕的天空。她蜗居在乡下一间漏雨的小屋里，出工，收工，如同木偶一般。

最怕的是工间休息的时候，集体的大喇叭里放着革命歌曲，"革命群众"围坐一堆，开始对她进行批判。

她低着头，站着。衣服不敢再穿整洁的，她和他们一样，穿带补丁的。忍痛割爱剪了头发，甚至有意在毒日头下晒着，因为要晒黑白皙的皮肤，努力把自己打造成贫下中农中的一员。一个女孩子的花季，不再明艳。

那一天，午间休息，脸上长着两颗肉痣的队长突然心血来潮，把大家召集起来，说革命出现了新动向。所谓的新动向，不过是她的短发上别了一只红色的发卡。那是母亲留给她的遗物。

队长派人从她的头发上硬取下发卡。她第一次反抗，泪流满面地争夺。那一刻，她像一只孤单的雁。

突然，从人群中跳出一个身影，脸涨得通红，从队长手里抢过发卡，交到她手里。一边用手臂护着她，一边对周围的人愤怒地"哇哇"叫着。

所有的喧闹，一下子静下来。大家面面相觑。一会儿之后，又都宽容地笑了，没有人与他计较，一个可怜的哑巴，从小被人遗弃在村口，是吃百家饭长大的，长到三十岁了，还是孑然一身。谁都把他当作可怜的人。

队长也不跟他计较，挥挥手，让人群散了。他望望她，打着手势，意思是叫她安心，不要怕，以后有他保护她。她看不懂，但眼底的泪，却一滴一滴滚下来，砸在脚下的黄土里。

他看着泪流不止的她，手足无措。他忽然从口袋里，掏出一把炒蚕豆来，塞到她手里。这是他为她炒的，不过几小把，他一直揣在口袋里，想送她，却望而却步。她是他心中的神，如何敢轻易接近？

这次，他终于可以亲手把蚕豆交给她了，他满足地搓着手嘿嘿笑了。

她第一次抬眼打量他。他是一个有些丑的男人，甚至有些粗糙，可是她却分明看到一扇温暖的窗打开了。

从此，他像守护神似的跟着她，再没人找她的麻烦，因为他会为她去拼命。她的世界变得宁静起来，重的活，有他帮着做，漏雨的屋，亦有他帮着补。有了他，她不再惧怕夜的黑。

他对她的好，所有人都明白。邻居阿婶想做好事，某一日，突然拉住收工回家的她，说，不如就做了他的媳妇吧，以后也有个疼你的人。

他知道后，拼命摇头，不肯娶她。她却决意嫁他。不知是不是觉得委屈，她在嫁他的那一天，哭得稀里哗啦。

他们的日子，开始在无声里铺排开来，柴米油盐，一屋子的烟火熏着。她在烟火的日子里，却渐渐白胖起来，因为有他照顾着。他不让她干一点点重活，甚至换下的脏衣裳，都是他抢了洗，村民们感叹，这个哑巴，真会疼人。她听到，心念一转，有泪，点点滴滴，洇湿心头。这辈子，别无他求了。

这是幸福吧？

有时她想。眼睛眺望着遥远的南方，那里，是她成长的地方。如果生活里没有变故，那么她现在，一定坐在钢琴旁，弹着乐曲唱着歌。或者，在某个公园里，悠闲地散着步。她摊开双手，望见修长的手指上，结着一个一个的茧。不再有指望，那么，就过日子吧。

生活是波平浪静的一幅画，如果后来她的姨妈不出现，这幅画会永远悬在他们的日子里。她的姨妈，那个从小去了法国，而后留在了法国的女人，结过婚，离了，如今孤身一人。老来想有个依靠，于是想到她，辗转打听到她，希望她能过去，承欢膝下。

这个时候，她还不算老，四十岁不到呢。她还可以继续她年轻时的梦想，比如弹琴或绘画。她在这两方面都有相当的天赋。

姨妈却不愿意接受他，一个一贫如洗的哑巴，她跟了他十来年，也算对得起他了。他亦是不肯离开故土。

她只身去了法国。在法国，她常伴着咖啡度夕阳，生活优雅安静。这些，是她梦里盼过多少次的生活啊。现在，都来了，却空落。那一片天空下，少了一个人的呼吸，终究有些荒凉。一个月，两个月……她好不容易挨过一季。她对姨妈说，该走了。

再多的华丽，也留不住她。

她回家的时候，他并不知晓，却早早等在村口。她一进村，就看到他瘦瘦的身影，没在黄昏里。或许是感应吧，她想。

其实，哪里是感应？从她走的那一天，每天的黄昏，他都到路口来等她。

没有热烈的拥抱，没有缠绵的牵手，他们只是互相看了看，眼睛里，有溪水流过。他接过她手里的大包小包，让她空着手跟在后面走。到家，他把她按到椅子上，望着她笑，忽然就去搬出一个铁罐来，那是她平常用来放些零碎小物件的。他在她面前，陡地扳倒铁罐，哗啦啦，一地的蚕豆，蹦跳开来。

他一颗一颗数给她看，每数一颗，就抬头对她笑一下。他数了很久很久，一共是九十二颗蚕豆，她在心里默念着这个数字。九十二，正好是她离家的天数。

没有人懂。唯有她懂，那一颗一颗的蚕豆，是他想她的心。九十二颗蚕豆，九十二天想念。如果蚕豆会说话，它一定会对她说，我爱你。那是他用一生凝聚起来的语言。

九十二颗蚕豆，从此，成了她最最宝贵的珍藏。

红裙子的故事

> 我想，我想把这条裙子送给你。
>
> 他说。

这个春天，波西米亚风狠刮，褶皱、阔袖、花边，仿佛一夜之间，所有的女人都成了公主。

街头那家蝶衣园的老板是一个看不出年龄的女人。没有人知道她从哪里来，什么背景，只知道店里的服装都是她设计的，按照工商局要求悬挂的营业执照上写着女人的名字：蝴蝶。

这个女装店，已经开了三年。其间四周的门脸换了又换，蝴蝶始终泰然。

蝶衣园的东西大都只有一件，拒绝复制。当然，不可能彻底出位，卓尔不群。也许走过三五条街，会看到类是的样式，连颜色和布料都没有太大的不同，只不过在袖口和领口，有些细节上的区别。流行并不是某个机构开会发布一条命令，规定行业人员设计什么样的款式，偏重什么什么样的色彩，而是大家在上一季的忙碌中产生了某种共识，而设计师，成为捕捉这些信息的先锋。

这个春天，蝶衣园的衣服也布满了波西米亚风格的褶皱和花边，质地大多为棉、麻，或二者混纺，颜色偏向于木青、麻黄，或者是纹理混乱的暗绿印花。许多裙子的腰部或者胸口还配有绳结。

店里有一件红色的连衣裙，保有着简单的裁剪风格，算是蝴蝶的一点坚持。

每天都有许多人在蝶衣园进进出出，那些棉麻质地的阔袖衣裙一件件被人买走，起初也有人在红裙子面前徘徊过，还有人试穿过，终于还是因为各式各样的原因，把它挂回原处。红裙子像个寂寞的女子，眼睁睁地看着一场场热闹，仿佛身在其中，到最后却全与自己无关。

黄昏的时候，店里来了一个年轻人，十八九岁的样子。站在玻璃门口，怯怯地不敢内进。

蝴蝶和缓地招呼他：你好，随便看看吧。

年轻人摇摇头，脸有些红了：我是想要买衣服的。

蝴蝶笑笑：那就认真看看吧，是送给女朋友吗？或许我可以给你提供些意见。

年轻人在红裙子面前站住，说：我想买这条裙子，可是，不知道尺寸合不合适。

蝴蝶说：哦，这样，你大致描述一下她的外表，我可以帮你判断一下。

年轻人脸更红了：她，她很漂亮，扎着两条小辫子，脸上有酒窝，两个酒窝。

蝴蝶笑笑，说：这些特征，倒也适合这条裙子，关键看尺寸大小了。她多高呢？胖还是瘦？

年轻人有些茫然，看看蝴蝶，回答说：应该，应该和你差不多的。

　　店里陆续来了些客人，听见年轻人的话，都怂恿蝴蝶替他试那件红裙子。她们说，这条裙子应该很挑人的，好多人试过，都不好看，要不早卖出去了。

　　蝴蝶点点头，从橱窗里取下红裙子，进了试衣间。

　　不一会儿，蝴蝶出来了。红色的连衣裙，无袖，樽领，蝴蝶的头发随意地挽着，显得脖子格外颀长，优美。裙子含莱卡材质，略有弹性，很合身，摆长到膝盖以下几厘米的样子，膝盖若隐若现。

　　背上还有一个小小的火车头，喷着蒸汽的火车头。

　　年轻人满脸放光：太好了，她穿着一定合适。

　　红裙子终于被人买走。

　　后来还有人问起蝴蝶，说怎么没见有人穿过那条红裙子。

　　也许是那孩子的女朋友在外地。蝴蝶想。也不是每一个设计师都能看到自己设计的衣服是怎样在普通人的身上一展风采的。

　　春天即将过去，蝶衣园里开始陆陆续续挂上夏装。原来挂红裙子的那个位置，现在放上了一个镂空的黑色小背心。

　　也是一个黄昏，那个买红裙子的年轻人出现在蝴蝶面前。

　　女孩不要他的礼物，有人给她买了当季流行的波西米亚长裙。有着许多的花边，阔摆阔袖。为了搭配长裙，她剪掉辫子，烫成凌乱的卷发，还染成了酒红色。

　　蝴蝶于是知道年轻人是附近一所高校的一年级学生，他喜欢的女孩子比他高一年级，是学校里的活跃人物，经常主持各类大型活动。

　　也许她并不适合这条红裙子。蝴蝶说。很多人喜欢红色，其实红色非常危险，轻易穿不出那种人比花艳的娇媚和夺目。尤其是在这个复古的春天，红色，淹没在一堆波西米亚花边里，稍不注意就成了村妇。

　　不是的，她适合，但是她自己不知道。年轻人说。

　　算了，追求流行毕竟是安全的。这条裙子，我给你退掉吧。

　　年轻人摇头。

　　蝴蝶很奇怪，却不追问，等着他继续说。

　　我想，我想把这条裙子送给你。他说。

别怪我贪心

原来爱情真的是可以贪心的，想一辈子住在你的心里，这就是爱情的贪心。

有人告诉我爱情像一座城，它把两个相爱的人围起来，让彼此的世界里只有彼此。

有人告诉我爱情像海，深不见底的它把两个相爱的人一起溺毙在爱情的海里。

我说，爱情是我对你的贪心。因为我想一辈子住在你的心里，象至尊宝的心里永远有那滴泪一样，我要你的心里永远都有我。

甄墨抬着头，噘着嘴，瞪着大大的眼看着比她高出两个头的王威。从来她对王威就是如此任性，如此霸占着。王威常笑着对别人说他已成了甄墨的私人收藏品了，别人碰不得，动不得，就是他自己也没有那个权力伤害了自己，因为他的一切都有是他的野蛮女友——甄墨所有。

蜘蛛精

我甄墨是蜘蛛精。

二十三岁以前我还没有决定自己要做什么样的妖精，但我知道我有做妖精的天分，从我懂事起我一直在为将来做一个妖精做着准备。

二十三岁快结束的时候我遇见了王威，当他站在我的面前的时候我知道我终于可以做妖精了。而且我知道我将会成为蜘蛛精，因为我要用我的爱我的心如蜘蛛织网一般织成网，把他牢牢地粘住，牢牢地的网住。

王威是一个十分尊敬长辈的男人，我知道在我对他下的网中一定要有他家人的那根线，才可把他网紧了。有时候爱情和婚姻不只是两个人的事，家中长辈的力量是不可否认的。死缠着他带我去他家玩，得到了他的家长的认同，他就更跑不掉我的布下的网局了。（所谓"擒贼先擒王"嘛。以我从小就灵巧的模样，我对自己很有信心哦！）

当我笑盈盈的站在王威妈妈面前时，王妈妈眼中认同的笑意，我知道我又前进了一步。一餐晚饭吃下来，当我陪着王妈妈在厨房里洗碗的时候，王妈妈就把王威向我给出卖了。而坐在电视机前犹不知情的王威还在傻笑着，他笑得越大声，我的心中越是偷笑的得意。

王威爱失眠，常常顶着个大大的黑眼圈，我看在眼中痛在心里。于是，每晚十一点左右我就打电话给他，一来我要让他习惯我的声音在那个时候出现，让他在晚上十一点前一定回家等我的电话，二来我要盯着他睡觉的时间，如果他要失眠，我也不要他独自一个人，至少还有我的声音在陪他。

可是，一向好睡的我每天晚上总是抱着电话在他如催眠般的声音里睡着了。（这是我的秘密，我永远不会让他知道。）就这样，我每天把眼下的妆化浓一点，到我的眼底也有了我画出来和他一样的黑眼圈的时候，在他的眼中我看到了心痛和怜惜。他告诉我，他一定改了睡觉前胡思乱想的毛病，不让自己失眠我来陪。（我心中得意地笑着，他终于肯改了。）

在王妈妈给我的情报里，有一条很让我感兴趣。原来王威他很会做饭哦！（这是不是又多给了我一个要把他网住不放的理由呢？）于是我每天在给他的电话里，有意又似无意的天天说着公司里提供的饭菜有多么难吃，吃那么难吃的饭菜我宁可不吃。也许是害怕我真的把自己的胃给搞坏了吧，下班后他来我家给我做好吃的晚餐，每天晚上看到厨房里有一个大男人在为自己忙活着弄晚餐，那种幸福的感觉，让我决定要一辈子住在他的心里。

被捕的虫子

被捕的虫子就是我，王威，我是心甘情愿被那"蜘蛛精"捕的。在我还没有发现的时候，她已悄悄地走进了我的心里，并且已在我的心里、我的身边布下了天罗地网，只等我这只笨虫子自投罗网了。

我知道她做的很多事都是为了我好，在我在外游荡害怕失眠的夜里，她强制的要求我每晚必在十一点前回家接听她的电话。因为她现在找不到睡前给她说故事的人，而我很荣幸地被她选中为她说睡前故事的人，她美其名曰是为我将来做个好爸爸打基础，她现在暂时出借她的耳朵给我练习。

她总以为我不知道，她在听我的电话时就抱着电话睡着了。看着她那画成熊猫样的眼圈，我强忍着笑意，答应她努力改正自己失眠的习惯。其实，也多亏有了她，我的失眠症正在慢慢消失，每晚电话里传来她轻柔的呼吸声及夹杂着的呢喃，终于让我感受到了夜的宁静，也让我能很快地随着她的呼吸声而入眠。这么多年来她是唯一可以改善我睡眠的人，你们想我会对她放手吗？少了她那我不是要失眠一辈子了，我要去哪里再找这样灵丹妙药呢？

知道她嘴馋又懒得自己动手做饭菜喂饱自己，在她打着的小九九里我也顺利地进入了她的家，看她吃我做的饭菜那么开心，那是种会弥漫久久的幸福感。

"好。我会永远把你留在我的心里，只住你一个人。但你记住只许对我一个人贪心，不许对别的男人也这样贪心。"拥她在怀我很幸福，她终于这样的要求了，她的这一生只属于我了。

"混蛋啦，当然只准住我一个啦，这里这么小你还想住别的女人不成？你要是敢我就去找别的男人来贪心。"手指指着他的心口，其实我的心中乐开了花。

"小笨蛋，我的心里当然还有别的女人啊！"眼看她就要变脸了，我可不敢惹她生气，她不准许我自己伤害自己的身体，但她动起手来却会一点也不心痛地在我的身上留下了大大小小的伤口，急忙接下去"能不把你妈妈和我妈妈一起放在心中吗？"

"威，你真好。是你让我贪心的。"

"那你赶快嫁给我吧，不要让我每晚抱着电话入睡啦！让我抱着你入睡好不好啊，老婆。"

"谁是你老婆啊！"（他终于开口了。我的心跳得好快，我这网最后一丝也可以收口了。）

"当然是你啦！我的蜘蛛精。"他的吻向我的唇落下来。

我是贪心的"蜘蛛精"，我幸运的贪得了他的心。原来爱情真的是可以贪心的，想一辈子住在你的心里，这就是爱情的贪心。

我是贪心而快乐的"被捕的虫子"，我幸运的贪得了一个妖精——"蜘蛛精"的心，她的小贪心成就了我的大贪心。因为"被捕的虫子"心中住进了"蜘蛛精"，原来有时候，贪心也不见得是一件坏事情。

爱上一个清华土人

> 我发誓你会后悔，因为你再也找不
> 到像我这样又优秀又可爱的男生了。

一

毕业那年初夏，我对自己立下了誓言：竭尽所能追求一种有品质的生活，包括金钱、浪漫与爱情，趁最年轻最美丽的时候。

那是一个异常混乱的初夏，男朋友枫刚刚出国。会拉小提琴的枫，曾经发誓要和我厮守一生。考研失败，我匆匆找了个能解决北京户口的单位，打算在这个城市混个几年。

突然接到参加老乡聚会的通知，就是在这次聚会上我遇见了土土，男老乡们这样介绍他："土土，清华大学计算机高手，直硕，未来的比尔·盖茨。"土土的脸很明显红了起来。有趣，22 岁的男生还脸红？早该练得刀枪不入了。

人如其名，他真的很"土"，小提琴协奏曲、先锋派诗歌、达利画作……他通通不感兴趣，谈论"大内密探 008"或港版电视剧倒是很来劲。

　　大伙儿遛到了动物园的游乐中心，我一时兴起，要玩"飞毯"（一种前后颠簸、振幅很大的游戏）。男生们面面相觑，只有土土站出来说："我陪你玩。"

　　我在剧烈的颠簸中很陶醉，此前晃晃悠悠的生活来了个集中爆发，眼角的余光里，土土的脸色有些苍白。

　　"为什么不用'手扶着'？"我模仿柏芝为索芙特代言的粗嗓音。大伙儿都笑了，土土也笑了。

　　他的笑容里有一种陌生的气息，像纯净水一样淌过我的心灵。

　　回来告诉师姐今天碰见了一个土清华男生。她说，要把握啊，绝对绩优股，名校毕业生才有远大前程。瞧见某某级那个师姐没有，找了个清华老公，如今在上地买了套190平方米的大房子，兰心蕙质全用来创作心爱的文章……

　　啧啧啧，我的偶像。

　　土土此后常主动来修电脑。转眼7月7日，他不着边际地扯了一大堆废话，才说："我做你的男朋友好吗？"多没创意的求爱方式！

　　我说："你真是老土！"

　　碰到绩优股，土一点又何妨？不应该介意的，哦？

　　"遇见他，我感觉心头安宁。"第一次约会归来后，我在日记里写道。

　　那天早上，我有意没说"我爱你"。

二

　　土土的"土"超乎我的想象，学理工的人都这么"土"吗？

　　第一次约会，他就摆手："你千万不要写诗给我啊，不然，我就写方程式给你。"头一次去他宿舍，发现其他男生笑容古怪，原来，土土成了他们系第一个看《诗经》的人；我第一次跟土土发脾气，把头趴在课桌上假装哭得很厉害，他急得在宿舍内外跑出跑进，对面水房哗啦啦响，后来我问他干吗去了，他说："我满头是汗，洗脸去了。"我哭笑不得，别人一束玫瑰、一包巧克力就可以搞定的事情，他偏偏束手无策。

　　只有一次，我随口问他："你毕业后去哪里工作？"他目光坚定又温柔："你去哪里，我就去哪里。"我大受震动，以至于有些惶惑："你们清华人不是都争先恐后要出国吗?"土土坚持:"你去哪里,我就去哪里,你出国,我也出国,你留北京,我也留北京。"简简单单一句话,就把他的未来和我的未来联系在一起。

谈恋爱仅过半年,他就称我为"老婆"。我抗议,但他说:"你看看水木清华BBS,兄弟们都管女朋友叫LP。"

不,我不太同意这个称呼,略带一点点悲剧意味的爱情更令我神往。还有,我没搞明白,是因为他喜欢了清华这个学校,还是因为清华喜欢了他这个人。

毕业后,理解了何谓"生活的沧桑",老板招聘时言之凿凿:"我需要你们这些名校毕业生,丰富我们的企业文化。"合同签订之后,他却脱口而出:"不要以为你们大学生有什么了不起,你们就是一坨粪,要在我的公司里'锻炼'后才能变成金子。"

我悄悄地攥紧了拳头,又松开。老板是包工头出身,原谅他!

第一次加班到深夜三点,我疲惫得要哭泣,到后来,加班变成天经地义,工资却始终是波澜不起的一千三。老板把傍晚放狗都当作"锻炼"。单位处在偏远的北四环,自有一次被盗走若干音响器材,老板就派人从老家找回一条彪悍的狼狗,那家伙全身漆黑发亮,牙齿锋利,让人望而生畏。晚饭一过,老板就命令我们回各自寝室不得出来。其实,哪用得着命令,狼狗满院子撒欢,吠声狰狞,胆小的女孩子连厕所都不敢上,倚在门框上嘤嘤地哭。

土土听我说了这些故事,非常气愤:"要么你辞职算了。我老婆哪能过这种日子啊?"

身处象牙塔内的土土哪能明了现实人生。我见过别人辞职的下场,同来的可可就因为说了一句"我要出国,不想在你这儿干了!",户口就被打回老家新疆。可可在老板办公室里哭了很久,几乎要下跪,但老板不为所动,他就是要杀鸡给猴看。

在这样冷酷世俗的环境里,我一天天改变。单位里其他女孩子把"比较男朋友社会地位"作为最大快乐。茗茗最爱吹嘘她那在大公司任职的男友,后者好像在某大公司任职,腰缠万贯。

她问我土土在哪里高就,我说:"他只是个学生。"看看众人脸色,我赶紧加了一句："是清华研究生。"好像这个头衔比他的名字更有说服力。

三

土土还有两年多才毕业，这两年长达 730 天的时间里，绩优股土土只不过是一无所有的白丁。他对 VC、JAVA、红警的兴趣，远胜过听我唠叨甲乙丙丁钩心斗角。

我越来越不耐烦。此时茗茗已经搬出"狼窝"做了新嫁娘，每天开一辆小奥拓来上班，偶尔优雅地抱怨："我老公叫我不要上班，这么年轻，在家里哪里闲得住？"

同龄的女孩子已纷纷讨论婚礼、买房，在社会上闯荡多年的男朋友一个比一个能干。谁跟我说过，名校毕业生才有远大前程？

土土的座驾依然是那辆小自行车，一天，他载我在主楼附近晃荡，忽然大发感慨："将来我要为你修一栋大楼，比主楼还要高。"

换在纯真年代，我会感激涕零，不过现在——"毕业之后，你年薪多少？"

"如果 IT 行业保持如今的发展势头，我想，至少应该是月薪八千。"他露出心满意足的表情。

我叹一口气："两年后，我有多大？"

他笑："我老婆这么年轻，到时也就 25，正好跟我一起享福。"

我冷笑："享福，呵！哪里敢。我跟你算一算，你月薪八千，税后顶多七千出头，除去生活开销和房租，顶多只能存下三千五，一年至多存四万二，三年才能攒够一套北四环地段小两居商品房的首付，然后是漫长的 20 年月供，我要到多少岁才能跟你享福？更别说，你要给我建一栋和主楼一样高的大楼。"

听我说完，他呆住了，不必重复口舌，他的大脑就是个计算器："算得没错哎，我怎么从来没想过要算这些问题。"

"那我努把力，我要去微软、IBM、英特尔……"土土咬咬牙说。

"有那么好进吗？你是和你同样优秀的清华人在竞争。你毕业之前的两年呢，我怎么办，想过没有？跟你坐这辆小破自行车，挤十一食堂，看盗版碟，穿从五道口买来的衣服，买一瓶饮料都要再三掂量?"

"这样有什么不好吗?"他张口结舌。

以前真没觉得有什么不好，怎奈我再也找不到张曼玉坐在黎明单车后那甜蜜蜜的心情。

怀抱郁闷的心情每天在"狼窝"中奋斗。一天，同事茗茗忽发感慨："你男朋友待你真是好哎，每次都从清华坐一个多小时车送你回来，又自个儿坐一个多小时车回去，耐心好好。哪像我老公，让他开车送我都不肯。"

我埋头做事，由着她炫耀。

她又问："你出来工作一年了，他还是学生，你看起来好像比他大。"她到底要说什么?

茗茗姿态优雅地抹上唇彩："你供他读书? 你赚钱养他?"

那一天，她的杯子被我摔得粉碎，不知道为什么火气这般大，就像毕业时男生们把啤酒瓶从宿舍窗口一掷而出，摔得粉身碎骨也不计后果。

当天晚上，我给土土打电话，说："你能不能出去打工，物价涨得好快，我那一千三哪里够花。"

"对不起，对不起，老婆，"他说，"导师给的项目真的很紧……"

"那随便你吧。"我挂了电话。

第二天上午，土土就告诉我，他找到工作了，一家校内公司，每月两千块钱。此后的两三个月，我俩过得很安稳，或者说，很平衡。

四

一天，好不容易弄到音乐会的票，拉土土去听，他居然睡着，醒来后疲倦地笑："我真的很累，又听不懂，以后，听音乐会、看话剧，都不要叫我，既折磨我，又浪费时间和钞票。"

我嘟哝着："你太土了! 稍微高雅一点的就不能奉陪。"偏偏土土的心情也不太好，居然吼回我："我就是土，怎么着，你不跟我啊?"

记得第一次约会归来，我在日记里写道——"遇见他，我感觉心头安宁。"心头安宁? 三餐安宁就好。

我认命要嫁给土土了，如果不是枫的归来。枫说，我终于站稳了脚跟，希望能接你过来，因为我还是忘不了你。

不过我已经不太记得枫了，包括他给我的伤害。

枫带我去西餐厅，我说，不要了，找个川菜馆就好。枫要点烧海鲜，我说，鱼香肉丝就好，并消灭了一碗半米饭。吃完饭后，枫说，去什刹海划划船吧。我说，不了，晚了就没有公交车了，打车回去很贵的。

枫诧异地看着我："优游，你变得很厉害。"

我迷糊了："优游该是什么样子？"

枫说："优游是有理想的女孩子，再贫穷也要追求生活的品质，你以前为了看流星雨宁愿站在露水中独立中宵，为了看达利的画展宁愿一个星期在食堂吃……"

他说得真的很动听，土土一辈子都吐不出这么动听的词儿。那是我吗，曾经的我吗？

我没跟枫走，但枫到美国后给我发了一封信，说："优游，记得你发过的誓言吗？我离开你的时候，你在我身后咬牙切齿地发誓，没有我，你也能过一种有品质的生活，包括金钱、浪漫与爱情，趁最年轻最美丽的时候。看到你这样，我很无奈。"

看到这封信，我积郁已久的泪水流了下来。

五

我再去清华时，土土在加班，眉头深锁，BUG很难清除。他的球鞋很久没洗了，土土的习惯是很用力地穿一双鞋，直到它破损不堪才买新的。我说："土土，你该洗球鞋了啊。"

土土说："这是老婆的责任啊。"

我说："土土，也许有一天，你会有很多钱，可那时我老了，别的女孩子要来抢你怎么办？"

土土说："怎么会呢？清华男生从来都只有被女孩子踹的，要么就乖乖地把她们娶回家。"

我终于下定了决心，"可是，遗憾啊，再等你，我就对不起对自己发过的誓言。"

土土张大了嘴巴，完全不明白我的意思，我把一封信交给他："你慢慢看。"

转身的一刹那，我的眼泪又流下来了，我怎么像一个残忍的巫婆，把一个单纯无辜的孩子扔在荒凉的黑夜里，任凭他怎么摸索，也找不到回家的门。这一刹那，我清楚了一件事，我是爱土土的，尽管我从没对土土说"我爱你"，也不承诺永远。

说爱一个人多么沉重，要担负沉沉的责任，在今生今世相互搀扶。

我等不到。

我不打算回头。

六

以下是土土的回信：

优游：

我看了你的信，也看过你发下的誓言。

那天，你走后，我躺在另一个兄弟的床上，像傻瓜一样发呆了许久。我在努力分析你的誓言，直到我发现，你的逻辑是错误的——过一种有品质的生活，包括金钱、浪漫与爱情，趁最年轻最美丽的时候。

你理解的"浪漫"和我理解的浪漫有所不同，最重要的还不在这里，在于我们对于誓言的态度。

我来跟你说说我发过的誓言：

1. 我发誓，永远不在大学期间谈恋爱，碰到你，我谈了；

2. 我发誓，永远不看诗歌啊小说啊这样酸不溜丢的书，更别说《诗经》了，为了你，我读了；

3. 我发誓，永远不听那些听不懂的歌剧，在音乐会睡着，被雅人们嘲笑，会很没有面子；为了你，我听了；

4. 我发誓，永远不在求学期间找工作，研究生补助加导师发的"慈悲津贴"，够花了，为了你，我找了；

5. 我的心脏有杂音，医生要我发誓远离那些刺激性的运动，为了你，我上了"飞毯"；

……

我违背了我的誓言，但我不后悔。

我发誓你会后悔，因为你再也找不到像我这样又优秀又可爱的男生了。

我捏着这封信（当然文字经过了我的润色）说，质问他："如果我不回来，你会不会一把鼻涕一把泪去求我？"

土土扬起头说："门都没有！你知道清华男生的'三草定律'的——兔子不吃窝边草，好马不吃回头草，天涯何处无芳草。"

我说："嘿嘿，你倒拽起来了。老实交代，找我回来到底有什么阴谋？"

"我的鞋子需要有人洗了。"土土笑嘻嘻地把臭脚伸了过来。

爱在不同的状态

> 爱的确让人失常，让人像是不稳定元素，随时会改变属性，温和或突然爆炸。

爱上他之前，食欲极好，心情平稳。休重虽不上升可是天天散步。过马路时注意交通，偶尔期待艳遇。

会写密密麻麻的日记，记录自己。照镜子，梳头发，无限柔情自眉梢自指尖，抚触并叹息。

睡前许个小愿，然后微笑睡去，并不做梦，也不失眠。醒来打个呵欠，伸个懒腰，世界并没有什么变，只要关心今天紫外线指数多少。

爱上他之后，心跳变得极快，喘息的频率也增高。常常暴饮暴食，不然就是三餐不继。因他因天气因心情而定。心情高高低低，有时一次抽光一盒面纸，不然就轻易雨天掉伞。常常笑得太厉害担心皱纹。

常常疑神疑鬼，善妒和依赖同时发作，变成小白痴女人。不会拿拖鞋打蟑螂，打不开保特瓶盖，不会点菜，不会缴税，不会算数学，不会开车（因此寸步难行，没办法买任何东西），不会灌计算机程序……总之，就是完全的无助获得完全的帮助。

热恋时常常会喃喃自语，想一些白痴的比较级问题，日记变成爱情作息记录表，不是流水账，就是天马行空，胡言乱语。

照照镜子，梳梳头发，都忍不住对着镜子笑，哭时，还会端着镜子，看着眼泪一滴滴落下，顾影自怜。

总是睡眠不足，但精神饱满。睡前总是幻想一些欧洲教堂的画面，一遍遍回放流星划过时浪漫的誓言。心情高昂到忍不住拨电话，听他声音，热线一整夜。

醒来担心黑眼圈，世界好像提早绕了一大圈。怕他睡眠不足，或睡过头，或赶不上公车，或打卡迟到，或来不及买早餐，或心情不好，东担心西担心，忘了遮阳忘了防晒，一整天恍恍惚惚，惦记着他。

不爱他之后，吃饭也变成凡夫俗子该做的事，定期喂哺自己空空的胃，偶尔在吆喝声中大吃大喝忘了自己是谁。

心情依照气象预报，准确度是百分之九十五。日记开始回复自我反省，不是历史回顾，就是未来展望，并一遍遍确认分手情节。

照镜子，梳头发，如常使自己变美。骨气使人擦了许多变美的东西，整理一头精神奕奕的发。输了爱情，可不能也输了颜面。

失眠时开始数羊，一只羊，两只羊……九百九十九只羊，突然清醒到想起去年情人节那一捧九百九十九朵的玫瑰，已然枯萎。

忘了他说过的故事，忘了带钥匙出门，忘了多安排几场约会，忘了自己是怎样醒来，打个呵欠，原来昨天睡着了。提醒自己这是新的一天，是来临，不是离开。

爱的确让人失常，让人像是不稳定元素，随时会改变属性，温和或突然爆炸。当爱在三种不同的时态里，会衍生出来的三种心态，三种状态。

用爱情终结求婚

爱情所有的一切一切，就是你的加上我的深情融为一体，成为我们的生命共同体，我们一起开拓生命的视野，找寻生命的意义、生活的意义！

用"男人使用说明书"逼婚？

在我们结识七周年纪念这天，你手里拿着一张《男人使用说明书》，像个讨糖吃的小男孩委屈地对我说："我不管啦！你要对我负责！"我心里纳闷着想"这句话通常不是都是由女生开口，要男生负责的话吗？"不知你葫芦里卖的是什么药，只好顺着你的把戏问下去："我没有对你怎样呀？要负什么责任呢？"

乐于当人肉沙包让我心情不好时当练拳用！

"怎么会没对我怎样呢？你已经使用过我了耶！"你开始煞有介事地念着手上拿的东西："我是你的人肉沙包！"这点我承认，因为工作压力大心情不好时，我就常拿你来练拳、滴蜡。开始有一丁点内疚的我还是好强地不肯认输："男人本来就要有这样的能耐呀！我是好心帮你锻炼身体喔！"

乐于当自动按摩椅帮我减除酸痛！

你据理力争地说："我还常当你的自动按摩椅！下班累瘫的我，还要帮逛街逛到全身酸痛的你按摩。"我死皮赖脸地继续狡辩："我还不是为了让你看见美美的我，让你带我出去面子十足，这么辛苦逛街还不是为了你，你只是尽点义务而已，就鬼叫个老半天！"

恶劣天气甘冒生命危险充当跑腿！

倍觉委屈的你继续说服我要对你负责："我还常常当你的跑腿！你想吃东西，又懒懒的不想动，就叫我买过来给你吃。"说到这里，令我回想到我们正热恋时，你担心我在台风夜没有热食可填饱肚子，你冒着生命危险跑了好几家饭馆才买到便当，骑着摩托车在强风暴雨中为我送晚餐来，心疼我一肚子饿就发疼的胃。这份深情暖意不用你提醒，尽是点滴在心头。只是任性不服输的我继续跟你瞎闹着："难道你没听过患难见真情，你可是要感谢我给你表现的机会呀！"

所有的甘愿都是因为爱。

知道我吃软不吃硬的个性，你噼里啪啦地说了一连串我使用过你的证明："我是你的天然暖炉！冬天寒冷时，就拿我热热的小肚来取暖你冰冷的小脚丫。我还当你的小型起重机，搬家时，所有你搬不动的东西，都是我在搬。不仅如此，我还甘愿当你的增值机！这个月薪水花光了，用我的薪水为你的荷包暂时增值。行车劳顿时当你软绵绵的枕头，在搭乘长途火车或长途飞机上，用我厚实的肩膀当枕头，手麻了我都不敢吭一声！"

看着我惭愧地头低到不能再低时，你指自己圆圆的肚皮说"我还当你的超级垃圾桶，你不吃和吃剩的东西，全都通通丢给我吃，害我老是被同事笑说：还没到中年发福的时候，已经有个大大的啤酒肚，不仅灭了我雄性的威风，害我完全没有爱慕对象来倒追我，反正你就是要对我负责啦！"

看着你递给我看的《男人使用说明书》中的每一项，我都发挥不浪费的精神，若是再不对你负责，无视于你每一年变换求婚招数的话，我想明天的社会头条新闻必定增一笔为情自杀的案件吧！因为爱，你甘愿当个十项全能的超人，任我予取予求；也只有因为爱，才会让我们在爱情面前变得渺小，为对方牺牲奉献！

初恋时，即使是天涯海角爱情也去得了……

初恋的时候，每个周末你骑着摩托车载着我，以逃离城市的心情，访遍山巅水涯。我的生命，随着车行的驰骋，向不同的地方扩展……原来，只要拥有爱情，就可以去得了天涯海角！

热恋时，爱情的版图其实是我们的一颗心……

热恋以后，每到周休二日，我们就开始烦恼：究竟要去什么地方游玩呢？看海？已经去过太多次了。夜游？那是属于年轻时的冲劲了。我渐渐发现：原来，爱情的版图，其实只是我们紧紧相系的那一颗心。

不知为什么，觉得能和一个人手牵着手，发誓厮守一生一世的感觉好甜蜜喔！即使离婚率这么高，纵使人们的感情愈来愈淡薄，但是我们依然相信爱，依然希望能遇上一个有心人，好好地过着属于两个人的一生。

当恋人说出我们时，就是结婚进行曲响起的时候……

爱情加上面包，就是幸福的婚姻；机票加上假期，就是蜜月旅行；爱情所有的一切一切，就是你的加上我的深情融为一体，成为我们的生命共同体，我们一起开拓生命的视野，找寻生命的意义、生活的意义！恋人在爱情的版图里，体验了前所未有的意义感和生命感！

恋情交织着爱情、深情、友情、渴慕、认同、信任、欲望，当恋人说出我们时，就是响起幸福喜悦的结婚进行曲了！一句我们好比一张结婚证书！我决定在我们相爱七周年这一天，答应你第 2555 次的求婚，终结恋人必经的七年之痒，开启婚姻中的每一个七年滋养，执子之手，白头到老！

在愚人节那天表白

> 我之所以选择今天，是不想让我的
> 表白成为你的负担。你要是觉得我不可
> 爱，就把我对你的表白当成一个愚人节
> 的玩笑好了。

办公室来了个女孩，叫雯，她身上有一股阳光味道，让整个办公室变得暖意洋洋。只用了半天时间，我就喜欢上了她，并决定在最短的时间内追到她。而机会是需要人为安排的。考虑到她刚来单位，是个傻乎乎的新鲜人，我便充分发挥一个"师兄"的职责，以"过来人"的身份告诉她，应该怎样做工作，应该怎样和同事处好关系，一个女孩应该勤快点，多干点女孩该干的活，比如午餐后帮别人刷刷饭盒……听了我语重心长的教导后，她尽管万分不乐意，还是按我说的做了，帮我刷起了饭盒。

这一刷，就刷了一个月。有一天，我对她说："为了感谢你天天为我刷饭盒，我决定请你吃顿饭。"她拒绝道："不用，这点小事不用客气。"我心想：那怎么行，我可是"吃翁之意不在饭"！于是我死缠烂打地说："这些天我对你那么照顾，难道你不想谢谢我吗？"她的脸顿时憋得通红，答应请我吃饭。

我将日子安排在 4 月 1 日的中午，她爽快地同意了。但我最终没有让她付账，而是说如果她坚持要请我的话，就在晚上请，她又羞答答地同意了。

付饭钱的时候找回了 10 元钱。我让她拿着，她问为什么，我说："我给你讲一个故事，你就知道了——有个饲养员专门养猪。有一天动物保护协会来检查，问他都给猪吃了什么，饲养员说喂了一些剩饭剩菜刷锅水之类的。检查团说：'你这样做是虐待动物，罚款一千元！'后来又有某公益机构办公室来检查，问饲养员给猪喂了一些什么，被罚怕了的饲养员再也不敢说喂的是剩饭剩菜，便说：'我喂一些大鱼大肉。'检查团说：'你这样做纯粹是浪费，罚款一千元！'饲养员傻了，后来，只要检查团来问他给猪喂什么的时候，饲养员就说：'我什么也不喂，只给它们每头发 10 元钱，它们愿买什么就买什么！'"

故事讲完，她意识到我是在拿她开涮，用那只握着 10 元钱的小拳头狠狠地捶了我一下。表情里传递出的信息虽然不是十分的爱，却分明透出一种意思：你这家伙好幽默，和你在一起太快乐了。

趁着她对我有了点好感，我当即提议到北湖公园去走走。她犹豫了一分钟，也许是考虑到吃了我一顿饭不好意思抹嘴就走，也许是因为刚才答应过晚上要请我吃饭（其实我哪里会真让她请），她最终点了点头，我忍不住在心里欢呼起来。

北湖公园是锦州最大的公园，更重要的是里面有一个恐怖城。在外面看并不大，但里边迂回曲折，漆黑一片，是仿照 18 层地狱设计的，绝对可以把她吓坏！为了这个下午，我已经把全锦州所有的娱乐场所都考察了一遍，发现只有这个地方最能出效果。为保万无一失，我还特地进去玩过两次，对里面的情况了如指掌。

我装着一副对恐怖城很感兴趣的样子，用那 10 元钱买了两张票，拉着她走了进去。

刚到门口，看到里面很阴森，她便紧紧抓住我的手。我在心里说，是一个好的开始！

试探性地往里走着，她开始抱住我的胳膊，一步不离地紧跟着我。我分明听见她的芳心乱跳的声音。好进展，我想。

当我兴趣盎然地继续向前时，她突然拉着我不肯走了，说是她害怕，要回去。回去？那我的精心安排岂不是泡汤了？我当然不会同意，而是拽着她带着一丝不易察觉的笑继续往前走。

突然（对我来说一点也不突然）传来一声凄惨的哭声，身边的一口棺材裂开，一个骷髅从里边弹出。"啊！"她当即发出一声惊叫，把我吓了一跳，整个人便歪倒在我的身上。因为极度害怕，她紧紧贴在我的胸前，头埋在我的怀中不敢抬起来。我紧紧地抱住她，抬头看了看那个龇着牙的骷髅，冲它扮了一个鬼脸。

5秒、10秒、30秒、1分钟、2分钟，我们就那样拥抱着，我分明感觉到她的心越跳越快，不是由于恐惧，而是因为别的原因。

我鼓足勇气，附在她耳边说出了一句与这里毫无关联的话："我爱你！"她抬起头，羞红着脸问我："难道你就不怕遭到我的拒绝吗？"

我一脸坏笑地说："今天是什么日子？你忘了吗？"

她说："知道，是愚人节，你在愚弄我吗？"

我看着她的眼睛，认真地一字一顿地对她说："在愚人节求爱的人只有两种，一种是花花公子，一种是特别认真的人。我是后者。我之所以选择今天，是不想让我的表白成为你的负担。你要是觉得我不可爱，就把我对你的表白当成一个愚人节的玩笑好了。"

雯考虑了两个钟头，终于答应做我的女友。她说，在愚人节接受别人的表白其实很不错，以后万一哪一天吵架了，还有一个理由为自己开脱。

可惜她说话不算数，做了我的女友后老催着我结婚，她怕我这么优秀的男孩跑掉。恰好我也这么想，恰好我也怕头脑简单的她被别人勾跑，于是我们结了婚。现在我每天的任务就是给她讲恐怖故事，锻炼她的胆量，以防有一天她受到惊吓时一头扎进别人的怀抱里。

把爱情种成白菜

当把爱情种成白菜时，谁能说里面就没有玫瑰的芬芳呢？

去年情人节时，好友阿琳在电话中跟我哭诉，说还是不结婚的好。以前一到情人节，办公室里都是她最先收到玫瑰，可是，结婚后的第三个情人节，那一天，她却没有收到玫瑰。

琳和我一样，都是天生的唯美浪漫主义者，一旦美丽的梦想与平凡的现实相碰撞在一起的时候，心中就仿佛受到了一种残酷的折磨，有时觉得竟是难以忍受。

当时我就给她出了一个馊主意："没有送你玫瑰花呀，那好办，我告诉你个方法肯定特有效，你马上把家里所有的花瓶都种上大白菜，看他怎么说。"记得她当时扑哧一声笑了出来。

到了十一长假时，琳打电话约我去她家玩。中午吃饭的时候，我吃到一盘很好吃的冷菜。我问是什么，她说，是橙汁拌白菜。我说，很少吃到这么有白菜味的白菜了，现在大棚里种出来的菜，味道都淡了很多，几乎吃不出什么香味来。

"那还不得多亏了你。"她老公阿铭抬起头来冲我诡秘地一笑。

"呵呵，就是，他不说，我倒差点忘了。你还记得去年情人节时，你给我出的往花瓶里种白菜的招吗？我当时一气之下，真的就跑到菜市场买了三棵白菜回来，剥成了心，种在花瓶里。当时阿铭一回来就笑了，说这招不错，他知道是他忘了买玫瑰了。那晚很晚了又把玫瑰给补上了。"阿琳的脸上笑得一脸幸福。

再后来，两个人都慢慢地把这事快忘了。忽然有天早上起来，发现窗户上的花瓶里的白菜。挺拔而起的花蕊竟然开出来许多黄色的小花，密密一层，很漂亮的样子。他们两个说，那种感觉竟然是只有在儿子出生时才有过的兴奋。所以，等花落结出种子以后，两个人就觉得一定要让这些种子再发芽，长大。于是，他们用假日的时间把小院里的花池撤掉了一半，改种成了白菜。

"你知道吗，要先把土翻好，还要把土疙瘩细细打碎，然后还要浇水，然后稍待一天后，再趁土壤还湿润的时候撒上种子。种子发芽后，还要注意盖上细网，以防那些麻雀什么的来偷吃……"看着他们两个人你一言我一语地争着给我叙述，我感受到了那种只有两个人之间才有的一种默契。

　　我想，你一定没有感受过那种从种到收获的快乐，简直是一种享受，是对人生的一种禅悟。阿琳的言语间一副知足小女人的模样。

　　看着他们茶几上的花瓶里，依然还种着的白菜心，我的内心有了许多触动。当把爱情种成白菜时，谁能说里面没有玫瑰的芬芳呢？

愿鱼刺都温柔

> 　　我的心在瞬间被幸福刺痛了，隔着
> 玻璃窗望出去，月光铺满了整条街道。

　　喜欢吃鱼，不知这和我是水命的女子有没有关系，莹白的鱼肉，温滑入口，心情都因之妥帖。

　　十八岁之前，我熟悉了我所生活的小城每一家鲜鱼馆的特色，朋友笑我：驿，找个渔夫嫁了吧。另一个说，还是鲜鱼馆老板吧，可以吃现成的。

　　三个女孩子笑成一团，我摇头，心里暗暗想：或许我要找的只是个可以为我笑着挑鱼刺的男子。同时又奇怪于自己这突然冒出的想法。

　　大概是喜欢的另一头总要添几个砝码的缘故吧，爱吃鱼的我偏偏怕鱼刺，越是细小的鱼刺，我看着越是发怵。从小到大不知被鱼刺卡过多少次，所以在家的十八年，除去吃母亲做的鱼，我在鲜鱼馆都只点海鱼，那种只有鱼骨的鱼是我的最爱。

　　朋友说：安静的女子心细，沉静的女子嗓子眼细，驿，你二者皆备，天生躲不过鱼刺的。

　　不知这是哪里来的逻辑，我笑而不答。

　　十八岁那年，北行千里开始了我的大学生活，学校餐厅和校外的餐馆里都难找到合口的鱼，多是河鱼，刺多而小，看着都心惊，食之入口的欲望瞬间全无。

然而新相识的朋友并不知情，只知我喜欢吃鱼，一日班上同学聚餐，他们点了一道清蒸鲫鱼。鲫鱼恰恰是我最怕吃的一种，不忍拂了同学的心意，硬着头皮吃了几口，鱼刺便卡在了嗓子眼里，咽不下也咳不出，难受之极。

从小被鱼刺卡过多次，均无大碍，那一次也没放在心上。没想到，三日后，卡了鱼刺的嗓子化脓，话都说不出了。无奈只好去了医院，取出鱼刺打完针走出的医院的一刻，我心里充满了恐惧：莫不是这一辈子不能安心吃鱼了？

晚上接到睿的电话，意外而开心。他是我高中时要好的朋友，一个几句话就可以让我安心的男孩子。

"驿，近来还好吧？天冷了，记得随时添衣服啊。"他温厚的声音传来，像轻轻打在鼓面上的鼓点，匀然入耳。

"会的，我会记得好好照顾自己。"电话这边我淡淡的笑，发现我有些想念电话那端的他。

"嗓子怎么哑了呢？感冒了吗？还说会照顾好自己呢。"他的焦急的声音里有浅浅的责备。

知道瞒不过他，便告诉了他实情。

电话那头短暂的沉默之后，我只听到轻轻的一声叹息，似鼓槌轻轻放在了鼓面上。

"怎么了，睿，生气了吗？呵呵，我向来很笨的。"

"驿，答应我，放假之前，在学校里不要再吃鱼，回家我补给你。"一种惊诧，一种暖，让我一时没了语言。

我轻轻应着"好的"，却忘记了说谢谢。忽又记起了自己先前找个为我挑鱼刺的男子的想法。

寒假里第一次见到睿是在同学聚会上，他笑着问我："有没有按我的话做啊？"

"那你要攒够钱啊，我吃鱼都会吃很贵的哦！"我跟他开着玩笑。

中午聚餐，睿坐在我的左边，点菜的时候，按我们不成文的规矩，每人点一道菜，照顾每个人的口味。轮到我时，我想了想，点了一道清淡的"鱼头炖豆腐",睿笑着看我,眼里竟有疼惜。

接下来就该他点菜了,他转身对服务员说:"松鼠黄鱼。"我一愣,这是一道用黄花鱼做的名菜,做时脊柱骨和小刺就被剔除掉了,母亲以前经常做给我吃。

菜很快上齐了,朋友们争着敬酒,热闹地说笑,我只安静的喝汤,对那最爱的黄花鱼仍然有着残存的恐惧。

睿端过我面前的小盘子,夹过一块块鱼,娴熟的挑着鱼刺,仔细而神情专注。

"这道菜虽然做时就挑过鱼刺的,但可能有未挑干净的细小的鱼刺,不能放过每一个可能的阶级敌人。"

他笑着低声说,递了盛满了鱼肉的盘子给我。

同桌而坐的几个男生开始善意的起哄,我微红了脸,抬头看他,他一脸坦然的温柔:"驿怕鱼刺,我喜欢挑鱼刺,黄金搭档。"

我迎着他的目光微笑,心暖无言。

饭后,有同学提议一起去新建的公园玩。那里有片许愿林,买根丝线,许个愿望,把它系在新生的树枝上,待树木越长越高,带着你的丝线耸入高空时,愿望就可以实现了。

年轻的我们自然都心动于这样的提议,到达许愿林时已是黄昏,一片新栽的小树,可以想象得出多年以后蔚然成林的样子。

睿挑了根七彩的丝线,我挑出一根淡蓝色的,在心里静静地许愿,虔诚地打了一个结,系在了我面前的树枝上。

转身看他,发现他也微笑着看我。那一刻,我突然很坚定地认为他的愿望是与我有关的。但我没有问,他有些欲言又止的样子,终没开口。

假期的时间总是过得很快,转眼一个假期就过去了,返校的前夜他打电话来,聊了很久,后来不知怎么又聊到吃鱼上,我想起那天的许愿,便问他:

"睿,可以告诉我你那天许下的愿望吗?"

话一出口,有些后悔,但想想我们的交情,觉得也不算唐突。

"我打电话就想告诉你我那天许下的心愿的。"他的声音里我听出了笑意。

"哦？是什么呢？"

"先放下电话，看看你的手机。"

我转身去卧室，我的手机正在关机充电，开机，有一条未读短信，我按 OK 键打开，手机的屏幕上只有短短一行字："愿鱼刺都温柔。"

我的心在瞬间被幸福刺痛了，隔着玻璃窗望出去，月光铺满了整条街道。

从那天起，他经常笑着向他要好的朋友的这样介绍我："这是我的女朋友，驿不怕刺。"

他的朋友笑笑，好像都知道了故事的原本，只有我们两个人时，我也会笑着叫他"温柔的鱼刺"，因为人说鱼刺和鱼骨里有鱼的灵魂，骨给了鱼坚强的支持，刺是细腻的关怀，如果我也是一条鱼，睿已将支持和关怀植入了我的灵魂里，成为我生命里最温柔的那根鱼刺。

奇怪的是，从此，不管有没有睿在身边为我挑鱼刺，我都没再被鱼刺卡过。我们后来又去看过那片许愿林，树木长得很快，虽不能算参天，却要我们仰望才能看见那千万条彩色丝线在树梢飘舞，那里面有属于我们的两个愿望。

我们相拥着微笑，他说："驿，我的愿望实现了，你呢？"

"我的早就实现了。"

看着他惊奇的表情，我才想起，我忘记告诉他当时许下的心愿了，那就是：今生遇到一个微笑着为我挑鱼刺的爱人。

纠缠纠缠就成了结

我们是一条绳子的两端，纠缠、纠缠就成了结。

一

大道西餐厅，暧昧的烛光和小提琴。

软软在梁子的对面，第 N 次将戒指套在拇指上。眯了眼睛，瞄准一样的看着手上的红宝石："好看吗？"

梁子看着软软灵动的手指翻来翻去，连连说："好看好看。你戴什么都好看的。虽然有点大，不过不要紧，我和服务员说好了，可以去调换的。"

软软笑了，笑的样子有点儿媚，像花枝摇曳一般。"梁子，你怎么会买红颜色的？"

"订婚戒指当然要用红色的。"软软笑得更凶了，她这样笑的时候，梁子就会不知所措："有什么不好吗？"

软软忍住笑："没什么不好，可我不喜欢。"

"那你想要什么颜色呢？"

"蓝色。"

二

酒店的拐角处，软软一边慢慢地走着，一边很专心的玩着手指与包带纠缠的游戏。细细的挎包带子在她的食指和中指间不断地转换，速度快起来的时候，竟然似乎可以看到一朵很淡很淡的花。以至于那个黑影冲过来的时候，软软根本来不及反应。顷刻间的，手就空了，只有摊开的掌还擎在半空中，呈莲花状。

有人抢劫！对面大排档里有人喊着，紧接着有人追了出去。

梁子的车开了过来，见软软面无血色的呆在那里。"怎么了，我只是去取了车子，你怎么就弄成这样？"梁子微微地皱了皱眉头，把软软拉上车。

"明天我就要去欧洲开会了，你老这样怎么成呢。我看不如这半个月你就待在家好了，等我一回来就去换戒指，然后我们订婚。"软软开了音乐："I am big big girl，in a big big world……"

"梁子，我要回家。"

三

一连几天，软软都在那个被抢包的时间里，溜达在那个被抢包的地方。开大排档的瘦子对她说，一个叫潘的人已经追回了她的包，只是这几天潘都没过来。软软说：我天天来，总会遇到他的。于是，软软就遇见了潘。

潘根本不看软软满是期待的脸，只是不耐地嘟囔了一句："没带来。"

"那我可以去你那儿拿吗？"

潘转身就走，快拐弯的时候发现软软还在原地"小姐，你不是想拿你的包吗？走啊。"

软软小跑着跟上去，但并不和他并行，而是在他身后半步的距离。刚刚好可以看到他的半面脸，有一条很浅的疤，好在不很憎目。

潘的房间竟然很整齐。软软觉得很意外，她以为只有梁子那样的白领才会注意生活里的细节。

"你为什么会帮我？"

"我只喜欢做两件事：写字和打架。写我喜欢的字，打我不喜欢的人。"

"可是我要怎么感谢你呢？"

"以身相许好了。"潘把一张带着邪笑的脸逼了过来，软软就别无选择的跌进了沙发里。四目相对里，一个深意无比，一个慌乱无措。

潘伸手，拉了软软起来"小女孩不要这么世故，不是所有的人都图回报才做事情的。"

"但是你帮了我，我是该谢谢你的。"

"还挺认真！"潘指着茶几上的几只杯子，"你把它们刷干净好了。"

软软咬了咬嘴唇："那这样好了，你好像是一个人住，不如我就给你做一个星期的家务来谢你好了。"

"呵呵，看不出来，你还会做家务？"

"我也只会做这个。"软软的头低得可以碰到胸口。

四

潘斜倚在沙发里，佯作一副读报纸的架势，其实报纸后的眼睛一直在跟着软软的身影转来转去。扎了马尾，系了围裙的软软在潘七十四平方米的蜗居里燕子一样的飞来忙去，顷刻间就将混乱整理干净，还备好了消夜饮品。

"你先喝了这碗汤，我去把被子缝缝；然后你就可以休息了。"软软穿了针，将手指在线端绕了又绕，打了好大的一个结。

潘说："我还是第一次见这样打结的，太大了吧？"

软软端详了一下，"大吗？不是很大啊？只有这样纠缠、纠缠才能成个结啊，不会再开的结。"

"真看不出来，还有理论有实践的。"潘由衷的赞，"我怎么觉得我是帮了一个田螺姑娘啊？"

软软得意地咯咯笑："我会的多着呢，你慢慢吃惊吧！"

"成，我留着慢慢地吃。但你必须回去了，天很晚了，我送你。"

"不用，不用，我打车就可以的；直接到我家门口的。"

潘还是送了软软到楼下，拦了车，又把手上的外衣披在软软身上，"到家，记得给我打个电话，让我知道你安全到家。"说着写了一串数字在软软的掌心里。

一路上，软软把这只手看了又看，像是第一次见着。梁子怎么从来就没这样细心过呢？软软拉了拉衣服，把自己包裹在潘的味道里面。

五

一周以后。

潘和瘦子他们在喝酒，软软安静地坐在一边，看他们激情昂扬地干杯和说话。间或，瘦子会问她："我们很无聊吧？"软软摇摇头，把身子悄悄地往潘那边靠靠。潘便对软软说：这小子还挺心细的，是吧？软软在下面抓了潘的手，狠狠地掐下去，但潘没事一样地依旧和他们大声地说笑着，眉头也不皱一下。

前车灯晃过，整桌的人都安静了下来。瘦子吼道："他妈的，有辆车子了不起啊。"软软应声望过去，梁子从车里钻了出来。他也不看旁的人，只对着软软："回家吧，爷爷想你了。"

软软站了起来，潘拦在她的前面，冷冷地问梁子："你是她什么人？"

梁子走过来，递上一张名片："我姓梁，软软的未婚夫。我这一阵子忙于欧洲公干，还要感谢你替我照顾软软这么久。"然后拉了软软的手。

软软盯着潘的眼睛："我去看看爷爷，就回来；你的屋子我还没收拾完呢，你要等我。"

瘦子问潘："你怎么不拦下她？"

"我拿什么和奔驰比呢？他可以给软软好的生活，我能吗？"

六

三天以后，软软拖着行李站在潘的门外："我无家可归了，你能收留我吗？"

潘把那些大箱小箱搬进屋子，然后把自己扔到沙发里，直直地看着软软的脸。

"我是想这样比较方便给你做家务……你不要想歪了！"软软红着脸辩解道。

"我可什么还都没想呢，小姐，是你已经想多了呀。"潘饶有兴致地盯着软软。

为了遮盖羞意，软软把自己的东西统统从箱子里拿出来，夸张地扬了一地的色彩。自己就在这些颜色中间走来走去，琢磨着怎么把它们安置好。

潘拿起电话，拨给瘦子："哥们，我无家可归了，从今晚起睡你那儿了。"软软突然就扑了过来，整个身子压在了潘举着听筒的手臂上。"我不让你走。"软软把自己纠缠在潘的身上，用很小很小的声音在他的耳边恳求着，"我喜欢你，你别走"。

潘笑了，有点邪邪的。"吻我，吻到我答应你。"软软没有料到他会有这样的提议，脸更红了，眼睛里有了游移。潘作势要走，软软的唇就迅速地盖了过来。四只眼睛都惊恐地睁着，谁都没有再动。对峙了许久，潘推开软软，拿了外衣，交代一句：我出去了。人就消失在混乱的空间外，全不顾及软软流下的泪水。

七

潘的手在女子的背后鱼一样地游弋着，软软的目光像撒开的网，亦步亦趋地尾随着，到处都是没有收获的疼。

"她是谁呀？"女子嗔声质问着。

"我的保姆。"

女子把手伸进潘的皮夹，拿了些钱递给软软，"这些你拿着，去买些菜回来。但不要回来得太早，知道吗？"

"今天给你放假了。"潘这话是说给软软听的，但眼睛依旧盯在女子的身上。

软软沉默地看了他们一会，然后轻轻地关上了门。

潘放开女子，一个人走到阳台上，看软软哭泣着且飞奔着的身影渐渐远去。

"你可以走了。"潘的语气里已经全无前时的情谊。

女子拉了拉有点皱的衣服，起身向外，走到门口，又转回身来，"其实这个女孩挺好的，起码单纯。"

潘回了头，目光里面都是冷。

女子耸了耸肩："算我没说。"

八

瘦子在酒吧的门口大声地对着手机吼："你丫在哪呢？啊？我听不到，你再说一遍！软软丢了？你怎么她了啊？你小子就是欠揍！你别找了，她甩了你就对了！你过我这儿来吧！快点，如果你还想见到软软的话！"对着已经灭掉的手机指示，瘦子狠狠地骂了一句。回头，画得像妖精一样的软软安静地站在他的身后，像站了一个世纪那么久。

瘦子不好意思地挠挠头发："我，我，潘一会就能来。""我不等他了，我先走了。""那怎么行？我辛辛苦苦把他叫来，你怎么能走？再说，你往哪走啊？就你穿成这个样子，别人不把你当酒吧女才怪那！和我进来。"

潘到的时候，软软已经面色绯红，齐腰的发有些凌乱地披散在胸前，一双粉肩明晃晃地映在灯光下。看见潘沉着脸过来，软软像个见了老师的学生，乖乖地站起来，拉了拉衣角，把头发甩到身后。手还没来得及放下，就被潘牵了去："回家。"一路上，软软无数次的打量的脸，怎么看都是臭臭的样子，她也就极识趣低不言不语。

九

一家影楼，里间拍结婚照，外间是接待前台。软软和梁子在里间，被摄影师木偶一样地摆弄各种造型。梁子说，软软，你穿这个，高领的穿起来像公主，要不就穿这个，我愿意看你穿红色的，和你的戒指也般配。软软站在窗前，不看背后的新郎，潘正和一个妖娆的女子从这个窗前走过。软软想，一个拍照的破店，弄这么大的窗子干吗呀。

九月二十一日，软软和梁子的大喜日子。也是潘离开这座城市的日子。瘦子拍拍潘的肩："你何苦呢？明明喜欢人家，又故意找个女人激走人家。"潘把软软的请柬塞在瘦子的手里，"我是个浪子，给不起她要的幸福。"在这个陌生的城市，潘没有朋友可以顷诉。每到夜晚来临，他就一个人点着一支小小的蜡烛，坐在微光里。软软天真的脸就在微光里跳来跳去。潘抱紧自己，再紧一点，就有热泪滴在手背上。潘想：那样的夜晚，我怎么就推开了软软呢？此刻，她一定是在梁子怀里睡去了，安静如天使。

瘦子在电邮里说软软失踪了，在结婚的那天清晨。梁子怀疑是潘带走了软软，在到处找他们。潘读着读着就笑了，软软还是那个软软。潘拿了外衣，随手带上门。三天后，软软在潘的手里，他们笑着站在瘦子面前。"你怎么找到她的？"瘦子不解。软软就说，我们是一条绳子的两端，纠缠、纠缠就成了结。成了潘太太的软软，最喜欢做的家务就是缝被子。

多少年过去了，软软还是穿针，将手指在线端绕了又绕，打好大的一个结。潘每次看都抗议难看。软软还是自顾着缝了下去："你懂什么，只有纠缠、纠缠才能成结。不会再开的结。"

抱你走过那片泥泞

男人再次抱着女人走过那片积水时，

女人围在男人脖子上的手没有放开……

女人和男人住同一座城市。

女人是一间外企的白领，男人是一间小型超市的老板。

女人每天上班、下班都要经过男人的超市；男人每天都坐在超市里面看着女人清晨走过，黄昏走回。

女人的男友在另外一间外企，外形不错，也小有事业，女人和男友每周相聚一次，很自然也很平淡，波澜不惊。女人常常迷惑没有激情的感情到底算不算爱情，但男友斯文体贴，却也让女人找不到任何不平衡的理由。

男人还是单身汉。几年的商海冲浪，却只剩下这间小小的超市。男人累了，男人守着超市过着他平静的日子。不知何时，男人的生活里多了女人，女人走路的姿势很美，女人面上的表情很冷漠，但也很忧郁。男人每天品味着女人，像品味着镜中的花，水中的月，很美，却很遥远。

一天早上醒来，女人发现外面下着好大的雨，女人拿着雨伞下楼时想着今天应该拦部的士。到了楼下才发现空旷旷的街上除了匆匆的几个行人外，根本不见一部的士的影子。女人叹了口气，撑起伞走进雨里。

男人在那个雨天的早晨听着雨声醒来时，想到今天可以不用去超市了，这样的天气，一定没有什么生意。可女人的影子忽然间泛上心头，于是男人还是早早地来到了他的超市，男人打开门的同时，发现超市门前的街道积满了水。

女人看到那一大片汪洋时，明白了为什么街上没有一部的士，女人看见几个男人涉水而过，那水已没过膝盖。女人相信自己没有脱掉高跟鞋，挽起裤脚涉水而过的勇气，可今天公司有一个很重要的会议。女人想找找其他的办法，东张西望时，女人看到了超市门口的男人。

男人正向女人走来，男人的鞋子留在了超市的门口，男人的裤脚已高高的挽起，男人的声音很好听也很坚定："我送你过去！"

女人很疑惑，疑惑间已被男人抱起，女人很惊慌，但男人的臂膀很有力，男人的眼神也真诚。女人忽然觉得男人很亲切，女人便温顺地躺在男人的臂弯里。

男人走过那片积水将女人放下时，女人很真诚地说谢谢。女人的声音也很好听，但很小，混在雨滴上伞上的嗒嗒声里有些不清晰，男人刚刚分辨出那两个字时，女人已经走了，男人望着女人的背影发了一下呆，便对自己摇摇头笑了。

那天黄昏时，雨停了。女人走过超市门口时，女人发现那片积水已流干了，女人走过去时奇怪自己竟会有失望的感觉。女人看到了坐在超市门口的男人，女人没说话，女人像往常一样走过去。但女人的心却有了波纹。

男人仍然每天看着女人照常上班、下班。男人觉得女人根本已忘记了自己，男人却忘不了女人躺在自己臂弯里的感觉，女人好轻，好柔软。男人希望女人有一天会走向他，男人没有奢望，却发现自己忽然希望有一天可以拥有女人。

女人发现自己竟隐隐盼望着下雨的日子。每天走过那间超市，远远看见男人的影子，女人会有莫名的心动，女人怀念靠着男人坚实的胸膛的感觉，但女人仍然过着以往的日子，走过那间超市时，女人仍一如既往地走过去。女人是个不喜欢变化的人。

一个周末，女人与男友逛街时下起了大雨，女人与男友走在路上忽然间就想起了男人，想起了那间超市门前的积水。女人正想着的时候，发现自己的面前也有一片积水。女人对男友说，你抱我过去好吗？男友看着皮鞋没有说话，女人也没说话，女人转身走了。

女人走到那条路上，超市门前又积满了水，男人看到女人时有点吃惊，男人知道周末时女人从不走这条路的。男人再次抱着女人走过那片积水时，女人围在男人脖子上的手再也没有放开……

　　女人成了那间超市的老板娘，男人照例是每天清晨看着女人走出超市，每天黄昏时再目迎女人走回，下大雨时，超市门前照例会积水，男人照例抱女人走过那片泥泞……

爱情在穿针走线之间

　　　　　　　　花不能因为无人欣赏就拒绝美丽，

　　　　　　　　把心埋掉，坟冢上长孤独、也长骄傲。

　　圣诞节那晚我什么也没做，说给朋友听，他们谁也不信。

　　几个妖艳的女子在我们面前摇摇摆摆走过，落了一身的风尘味道，朋友亮着眼睛打着口哨。随即转向我："那你那天晚上干吗去了？"

　　"我在帆的宿舍里……"

　　"那你还什么也没做，孤男寡女共处一室怎么可能什么也没有发生。说说你有什么浪漫的经历，你可是情调高手。"

　　"什么呀，我还情调高手呢，只不过能说些语无伦次的话，编个故事骗骗人家良家妇女而已。"

　　"你们在一起就干坐？"

　　"是啊，我坐着，看她给我补裤裆。"

　　这样一"招供"，我没想到真是应了那句话：跳进黄河里也洗不清了。他们坏笑着说我们如何疯狂，竟玩出新鲜花样。他们还即时编了一个顺口溜：狂欢夜，裤裆裂，一个发嗲，一个把嘴裂。

　　拿他们没办法，我只好喝酒。醉醒间，我的眼前不再是灯红酒绿，时光仿佛又回到了青山绿水间，帆在山风过处扬着发，碎琼乱玉般的笑，浮在我冰雕过的脸上。那好像还是在大学时，她问我：你会娶个什么样的女人做妻子？我扭着她的鼻子说：娶个深山里的小妖精。当然不会是你这样子，你太清纯，清纯得不想让人犯罪。

帆是那种浅浅的女人，浅得像山上流过的水，一眼见到底，见到那些圆圆的鹅卵石。我可不想自己成为那样一块没个性的石头。

北方的天空多雪，我就习惯一个人在雪落的街头穿过，不去想谁。想一个人会很累的，所以多年来，我只是一个爱情流浪者。帆就对我说：逃避爱情的人，其实是最渴望爱，只是怕有一天付出了，反而不知如何面对，所以把自己重重包裹。说这话时，帆已经 28 岁，毕业 6 年了。

我从一个城市走到另一个城市，从一场爱情走进另一场爱情，只是没有风花，没有雪月。帆就那样如一个白天的 12 个小时，一个夜晚的 12 个小时，贯穿着我脆弱的生命和脆弱的爱。我对帆说："我在巫启贤的唱片上看过这样一句话：我怕，太怕，这一生只能爱一个人。很熨帖我的心。"我想告诉帆，我属于风，属于雨，就是不属于她。

帆就在一边摆弄着我的手指，给我很细心地剪着指甲。微微笑着，不说什么，眼神中却有雾在飘。10 年，于一个女人而言，是一个什么概念？我不敢多想，只想逃得远远的。

我说："帆，你就像一朵寂寞的花，别总这样盲目地开，没人欣赏的。"

帆出去卖菜，走时说："花不能因为无人欣赏就拒绝美丽，把心埋掉，坟冢上长孤独、也长骄傲。"

骄傲？帆也有骄傲，看着她小小单薄的身影轻巧地下楼，我在沙发里安逸得像一只蛹。

圣诞节过后的第二天，小霁的电话才打来，劈头盖脸地质问："圣诞节的夜里你去哪儿了，为什么手机一直关着？"

我不想向她解释什么，因为我不需要。

"你知道我等了你一晚上，所有的灯都亮着，花儿摆放得错落优雅，你的酒也是那样的芳香，而你，却不在……"说着，电话那头就传来小霁的哭泣声。我真的不想跟她说什么，不想告诉她，那天晚上在赶去她家的时候，为了给她买花和巧克力，我在穿马路时被自行车撞了，裤裆就很不体面地裂开了——因为说了她也不相信。

但我清楚那时的窘地，而后奔向帆的宿舍。我那么相信，帆会在，一个人，像一朵花，寂寞地开着。

她笑个不停，不问我去什么地方，竟把那么漂亮的西裤折磨成那样。只是笑，然后找针线，在灯下一丝不苟地穿针引线——而她的眼几乎要贴在针眼里，她 0. 2 的视力可能根本就看不清针眼的位置吧。

正在回味帆给我缝裤子的情景时，手机叫了，是小霁。"限你 10 分钟来全市最高的那幢楼楼顶见我，带着圣诞夜你没来我家的理由！"那么不容分说，手机里传出无情的忙音。

如狐妖般迷惑过我的小霁，总是这样的出奇与难以预料。我想了 5 分钟，然后披衣，朝着最少有 20 分钟路程的那个高楼飞奔而去。那是本市最繁华的路段，打车远没有奔跑省时间，我一路狂奔，躲着车，跨过路栏，也许跨度有点大，也许帆的手艺不怎么样，反正，那个西裤再一次开了裆。有些哭笑不得。

小霁坐在楼顶的边沿，腿下垂着，手里拿着一个鸡扒，身边是几听啤酒……"搞什么搞？你有病？"我上气不接下气。"你才有病，你可以不来呀。"

我低头看裤裆，小霁也发现了。"看你这傻样，怎么裤裆都跑裂了……"仿佛早忘了自己要打破砂锅问的内容了。

"带你买件新的。"说着小霁挽着我的胳膊，"你是爱我的，我知道。"天知道，我爱谁。我在心里想。

"我补补就可以了。"小霁不依，说破了就扔了，旧的不去，新的不来。

把小霁送回家，我打帆的手机，孩子气地说："帆，我的裤裆又裂了，我现在窘死了……""傻孩子，快来呀，我给你补……穿针缝，里针连，谁来看我就刺她的腚个尖……"

帆在那边哼着母亲给我补裤子时的歌谣，我在这边傻傻地笑。

小不点和大个子

小不点最终还是一把拉住在半空中摇摇晃晃的大个子，他们紧紧相拥在一起。

大个子低着头俯视着又瘦又小的小不点，心中百感交集。而小不点却沉着那娇小的脑袋，看着空白的地面，不敢抬头仰视大个子黝黑的脸孔。他们就这样沉默了许久，没有一个人先开口打破这死一般的寂静。远远的只能听见风儿吹打着树叶在空中摇曳着并伴随着沙沙的声音。大个子终于忍不住了，开口说道：

"小不点，我爱你。"

恐慌至极的小不点没有抬头看大个子，依然是低着头，她用脚蹭了蹭地上的石子儿，轻声地说："我知道。"这细微的回答真的很轻很轻，只有飞过的小鸟和落叶才能听到小不点的声音。

大个子放大了声音又说："我爱你。"

小不点没有看大个子，略微高声地说："我知道。"

大个子把声音提高如同是要世界上所有的人都知晓似的吼道："我爱你！"

小不点用此刻已经无法抑制自己的心情，愤怒地瞪着大个子回答道："我知道！"

于是一场是有简简单单六个字的对白，在两个人的口中流出。这个世界仿佛就只拥有那两句话。

——"我爱你！"

——"我知道！"

　　小不点最后还是含着泪花，远远逃跑了。大个子看着地上小不点留下的斑斑脚印心里不是滋味，那句"我知道！"依然在耳边萦绕，大个子也不明白小不点到底是爱他还是不爱。可是果断的大个子终于鼓起勇气，踩着小不点的脚印，一路风风火火的追过去，还不忘记喊着那句："我爱你！我爱你！我爱你……"

　　这里所有拥有生命的景物都看着他们，默默祝福这一对处于爱情边缘的人们。可惜的是大个子并没有追上小不点，也许是大个子人太高又有些肥，或者是大个子太粗心让小不点给丢了呢？小不点听见后面大个子的热烈的表白，心中如同熊熊烈火在燃烧，她手足无措，心里只有一个念头，就是不能让大个子给追上。小不点很聪明，绕进她儿时与大个子一起玩耍的小弄堂。当她躲在胡同的墙角后看着追得气喘吁吁的大个子一边抹着汗还在奋力追赶她的时候，小不点哭了，哭得很伤心，很难过。当时，她便有一种冲动要告诉大个子让他别追了。可小不点还是没有从墙角后面出来，眼睁睁地看着焦急万分的大个子从那里经过。见大个子离开了，小不点从胡同里绕了出去，回到了家。她回到家里的时候外面下起了小雨。望了望安静地躺在书桌前的电话，她心想：不知道大个子没追上我会怎么样，现在都下雨，他应该也回家了吧，他该不会打电话给我吧？

　　于是，小不点像一只徘徊不前的小鸟，在卧室里踱着步，最后经过了一番思想斗争，才决定把电话线拔了。可是当她刚躺在床上，又担心起大个子。担心他会不会伤心、难过。

　　其实，大个子和小不点是从小玩到大的，就是人们常说的"青梅竹马，两小无猜"。小不点因为人小，所以老是被别的孩子欺负，大个子看不过去，就为小不点强出头，成了小不点的护花使者。可等小不点上中学，依然还是个小个子，瘦细纤弱的，就像一只精致可爱的袖珍花瓶。于是小不点的绰号就这样一直流传了下去。可是大个子呢，到了中学则是噌噌噌地往上长，而且是个魁梧的小帅伙。结果这对儿时的玩伴身高相差 30 来厘米。不过大个子却发现自己已经深深地爱上了小不点，虽然小不点人小，可心地善良；虽然小不点人小，可是她活泼可爱，全身上下充满了无限的青春活力。大个子的爱已经达到了不可救药的地步，连他自己也无法解释。这样的爱已经持续了很久，直到他们各自考进了大学，大个子才鼓起勇气对自己心爱的人说出自己的感觉。然而，小不点也是个聪明伶俐的女孩，她又怎么会不晓得大个子的心意呢？可是小不点总觉得自己个子小和大个子站在一起丝毫不登对，所以就老躲着大个子。但大家都是邻里，抬头不见低头见的。小不点唯一可以做的就是逃、逃、逃……

小不点躺在柔软的床上丝毫没有什么睡意，她心里依然挂念着大个子。其实小不点心里有大个子，只是她不敢承认罢了。这一夜她辗转反侧，听着帘外雨潺潺的雨声，脑海中所出现的全是大个子的身影。第二天早晨，睡不着的小不点很早就起了床，她打开窗户有意识地望过去，对面的窗户紧紧地闭着，那半掩着的窗帘悠悠地拖到靠着窗户的写字台上，写字台的主人是大个子。小不点心想：有多少个春秋我们站在窗前，说着学校里的见闻，一起背诵单词，一起念着美丽的小故事共同回味。可是今天，大个子你又在哪里？在哪里？

心中的百感交集，心里的酸楚也隐隐作痛。小不点依然望着那窗户，心里既期望着主人的出现，又担心他的出现会让自己而尴尬。伴随着一阵咳嗽声，窗户悠悠地开了，还发出"吱吱"的声响。脸色苍白的大个子站在窗前看见小不点，脸上微微红了。小不点自然是尴尬万分，慌忙地伸手就要关自家的窗户。大个子咳了几声用沙哑的声音问道："你昨天跑哪儿了？"

小不点的手立刻缩了回去，低着头不回答。接着又是几声剧烈的咳嗽声，大个子又问道："你到底去了哪里？"

这声音越发低沉，更含有悲凉的味道。小不点喃喃地说："我……我……转进了小时候一起玩的胡同，径直回家了。"

大个子也沉着脸，许久才自言自语道："我真傻，怎么没到小胡同里去看看呢？"

小不点看见大个子咳嗽不停便十分关切地问："你这是怎么了？病了吗？"

大个子微微一笑，颇有苦中作乐的感觉。

"昨天淋了雨。这不，发烧了。"

小不点明白大个子是为了自己而病的，眼中流露的是无限的悔恨。可是她也是心如刀绞。

大个子又说："你为什么要逃跑。"

小不点微微泛红的眼睛望了一下憔悴的大个子，略带愤恨地说："我不逃又该怎么办？"

大个子长吁一口气，自言道："你不逃又怎么办？你不逃又怎么办？可是我爱你！我爱你！"

小不点哭了，心里只默念着：我知道。

"可是我们不可能在一起。"

大个子暗淡的眼睛突然发出了光芒，"为什么？"

"你我相差太多，你应该找个比我好，比我合适的。"

大个子听了这样的话，竟然歇斯底里地狂笑起来。

"难道就因为那讨厌的身高差距，你就要把我活生生地忽视掉吗？"

"不！我……我……"

大个子的脸涨得通红，问道："你到底爱我吗？"

"我……你不要问我。我要关窗了。"

"小不点，你能不能不要逃避。你关了窗我就架木板爬过来。"

小不点惊异地看着大个子坚毅的脸孔，似乎有些不可思议。

"你疯了啊！从这里摔下去可是会出事情的啊！"

大个子冷冷一笑，说："你知道我什么都做得出来。只要让你不去逃避，我什么事都做得出。"

小不点强忍着泪珠儿，依旧关上了窗，只期望大个子可千万别真的爬进来。大个子是个言而有信的人，他立马架上木板顺势要爬过来。楼下的阿姨问大个子这是干吗，他则依然我行我素的，弄得很多人好奇的人前来围观。这一场轰轰烈烈的求爱显得有些神话，可是大个子为争取爱的方式的确让躲在窗户里边的小不点感动了。小不点最终还是一把拉住在半空中摇摇晃晃的大个子，他们紧紧相拥在一起。天空中永远回荡着那句对白：

"我爱你！"

"我知道！"

"我爱你！"
"我知道！"
……

最后跟你在一起的人

> 原来每个人在生活中，都已经不自觉地在不断追寻，追寻着心中的某个遗憾，却忘了自己手上拥有的东西。

大约十年前，我跟现在的老公刚刚认识，那时我们只是因为项目而一起工作的朋友。有天闲聊时他突然说了一句话，让我印象深刻。"一见倾心却放手，没关系，更美好的还没遇上。"他接着说："最后跟你在一起的，通常不是你最爱的人。"当时年纪小，我只觉得他说的这话有点问题：我当然会跟我最爱的人在一起啦，那个人不是我的最爱，我干吗和他在一起呢？

后来因缘际会，我们成为男女朋友，有一天我突然想起这句话，开始追问他，到底谁是他的最爱呢？没想到他坚决否认他曾经说过这句话。十年过去了，这中间我们相恋、结婚、工作，每天为生活忙得不可开交，没有太多时间想这件事。

一直到最近发生的这件事，我才了解那句话的真义……

前阵子去韩国旅游十一天，韩国的青瓷小有名气，我想买个青瓷做纪念。

到了庆州，意外发现一家小小的青瓷店，店里的橱窗有两个小小的青瓷油灯，样子非常可爱，我们进去问了价格后，同行的一位老师立刻决定买下它，大家问我要不要买下另一个。

我犹豫了。并不是因为价格，那个青瓷油灯折合台币不到五百元，而是当时念头一转，我想既然青瓷在韩国那么有名，那在韩国其他地方，一定有许多青瓷店，说不定有更多好看、不同造型的青瓷油灯。

因此我决定不买那个油灯，反正接下来的行程，一定会有更多美丽的油灯供我挑选。

说实话，一上游览车我就有点后悔了。然而我一再告诉自己，不用担心，我马上就会找到一个比那个更好看的油灯。

结果在韩国的后面几天，我每看到卖青瓷的店，都会忍不住进去找油灯，结果当然了，我并没有买到。由于花了不少时间在找油灯，我这才发现，原来大部分韩国的青瓷店，卖的都是杯子、花瓶，很少人卖油灯，我不禁揣想，说不定那两个油灯，是全韩国"唯二"的油灯。

回到台湾后，因为最终没有买到青瓷油灯的关系，我总觉得这趟韩国行，唯一的遗憾就是那个油灯；我还在个人新闻台，特别写了两篇文章，哀悼我与这个青瓷油灯的缘分竟如此短暂。

昨天收到一位在台湾的韩国朋友的电邮，信中说，他看过我在新闻台的文章了，他以后回韩国，有机会再去庆州，会帮我把那个油灯买回来。

他的好意让我很感动，不过我也开始认真思考，我真的有这么喜欢那个青瓷油灯吗，喜欢到想要不择手段地拥有吗？

在这个青瓷油灯出现前，青瓷这个名词对我没有任何意义，为什么我对这个青瓷油灯如此喜爱及怀念，还特别写了两篇文章描述它的出现，以及与我无缘的过程？

后来我终于了解，我喜欢这个青瓷油灯最大的原因，并不是因为它本身有多特别、价值有多高，是因为当我发现错过后，后来花了很多时间去寻找，想要弥补这个遗憾。

而在这个过程中，我发现原来这个青瓷油灯如此可贵及特别，竟然没让我再找到另一个一模一样的东西，也由于这份惋惜，让青瓷油灯在我心中的身价快速提升，变成我最想拥有的一件东西。

最爱总是已错过。悟从心起,身边眼前最值珍惜。有了这个想法后,我不禁想,如果当初在庆州就买下了那个青瓷油灯,现在它可能成为家里众多摆饰之一,可能在一年中有几次朋友来访,问起这个可爱的油灯,我的介绍词可能仅是:"有一年我去韩国玩的时候,顺便买回来的油灯。"

想到这里,我心中突然出现十年前没有得到答案的那句话,"最后在一起的人,通常不是最爱的人。"

我想当初老公想要告诉我的意思,其实应该是:并不是因为这个人是你的最爱,所以上天嫉妒你而让你们分开,而是因为分开后,你才发现他的好,于是花了许多时间去寻找、去挽回,想要弥补心中的遗憾,但当你在这件事上面所花费的时间愈多,他在你心中占的位置也愈来愈高,可能当初觉得一般的东西,反而变成了最爱,更变成了心中的遗憾。

有些人可能一辈子都在追求着心中的最爱,却发现新的东西永远比不上最爱,因此不断放掉手边的东西,又再去追寻……

常听人说,失去了才懂得珍惜,我以前不懂这句话的意思,总觉得是要经历过生离死别,才会有的刻骨铭心。现在我才发现,原来每个人在生活中,都已经不自觉地在不断追寻,追寻着心中的某个遗憾,却忘了自己手上已拥有的东西。

想通了这点,我回了一封信给那位韩国的朋友,谢谢他的好意,也告诉他不用再帮我寻找那个青瓷油灯了,就让我心中保留着对青瓷油灯的这份遗憾及怀念吧。也希望借此时时提醒自己,放弃不断的追寻,珍惜手边的东西才是最重要的!

大家是不是都在汲汲营营地眷恋与寻觅着一分回忆一份遗憾,但却忽略了一直在你身旁默默守候的那份真情呢?

或许你仍不确定那就是你要的,但失去了,就不会再拥有了!

爱上甜品才懂得爱

> 我诡秘地一笑，然后说，因为在以后的日子里，我要牵着你的脖子走。

这一声喊，便成了小情人

米耳说，我们结婚吧，省得你一个人住在这么老的房子里害怕。

他太不了解我。结婚于我是枷锁牢笼，好比两个人一辈子捆在一起。如同有一种生物现象叫共生，就是两种生物谁离开谁都要死掉，不会多活一分钟，那是多可怕的事情。

我曾经共生过，和一个叫林的男人，那时他三十八岁。

我辞了职，每天守在林送的手提电脑上写东西，然后等待林的到来。那一年，我二十三岁，以为这一生会这样慢慢到老。

每当他来的时候，我总是像蛇一样缠上去，让他不能呼吸，他总是平静地说，小妖，你这样下去不好的……我不忍心伤害你。

我哭了，从上高中的第一天起我就爱上了他，那时我才十七岁。

直到有一天我在街头遇到他，他带着孩子吃肯德基，我叫他的时候他转过头，然后我看到了一张中年男人英俊沧桑的脸，我一下子明白为什么我上了四年大学没有谈恋爱。

那时他已经不教学了，在政府的一个部门做局长，有自己的车和专职司机，这些我都不知道。在我眼里，他还是那个在课堂上给我讲生物课的英俊男老师。

他已经认不出我来。在那么多如花似玉的学生里，我只是一只丑小鸭而已。

但我还是喊了他。这一声喊，改变了我们之间所有的命运，以后的五年里，我们一直在一起。他说，没想到会有这么一个小情人。

他不爱我，我还是爱他

我常常对他低语，我爱你，林，我爱你。

他没有回应，就是在最热烈的时候，也能坚持着，不发一言。

我说，林，你怎么能这么冷静呢，难道你不会爱吗？我从没要求过你的一生，我只求你现在的爱。

他笑着，小孩子，你说爱是什么，说出来就能永远吗？

我说是是是，我要你说出来，好吗？请你说出来。

但他不说，他只是更紧地拥抱着我。我推开他，说你爱我。我几乎是咆哮着。

他甩开手，穿上西服，然后头也不回地走了。我冲出去，汽车已绝尘而去。

我站在装修华丽的房子前无声地哭着，我不过是只没有思想没有未来的寄生虫，只有一厢情愿的爱情。有一天，当爱情没有了，我便成了一具空壳。第一次，我想离开林。

林再来的时候，我没有小鸟一样飞着扑向他的怀抱，而是在沙发里深深地陷着，吸着七星牌的香烟。

他说，你越来越不像话了，怎么吸起烟来了？你又不是那些卖笑的女人。

我苦笑了，我比她们还悲哀，最起码你和她们逢场作戏时可能说爱，但你不会给我。他扔掉我的烟，把我从沙发上拉起来，然后抱起我向楼上走去，而我没有搂住他的颈，只是低垂着手，像一个溺水的婴儿。

别闹了好吗？别耍小孩子脾气了，我已经三十八岁了，你说，三十八岁的人还能有什么样的心情，他能把爱每天挂在嘴头上吗？说完，他轻轻地吻我。

心像凝固了多日的冰，一点点融化了，我怎么会爱上这样一个男人，即使他不说爱我，我还是爱他。

清爽少年，我五年未有的笑

米耳说，你一定不是在爱林，你爱的是你年少时的一个梦，一个单恋的梦。暗恋是一种情结，所以，你要自己解开这个情结。

我弹掉手上的烟灰说，你这小屁孩，你懂什么叫爱情？

米耳比我小四岁，我们在一次笔会上认识。他干净清爽，白衬衣牛仔裤，一双黑色耐克鞋，带着少年的清香。那次会后我们去黄山，一直是他照顾我，帮我背包。因为我的"老朋友"来了，更可怕的是居然不小心弄到了裙子上。米耳对我说，嗨，你的裙子上……

我一下羞红了脸。回到宾馆，我打算出去买裤子，米耳来敲门。他手里拿着一条米色的休闲裤。呶，刚才去市里给你买来的，三尺二的裤长，二尺的腰围，不合适我再去换？

我感激地看着他，然后去卫生间换上了。天啊，简直是给我定做的一样。

我有点疑惑。他笑了，说，对于我喜欢的女人，我的眼睛就是一把尺子，你瘦瘦高高的，当然会是这个尺寸，还用量吗？我的眼睛毒着呢，还用我测你的胸围和臀围吗？

我把手里的钥匙打过去，"流氓"。然后大笑着。

笑过后我愣了，我发现至少有五年，我没有这样大声地笑过了。

米耳说，小妖，不要每天活在阴暗的爱情里了，那样只会让你更加窒息。你敢说你想生个孩子吗？你敢说你会永远把你爱的人留在身边吗？

爱上甜品，才懂得爱

那晚，我对林说，我要为你生个孩子。

林吃了一惊，然后说，为什么，你不是说不要任何名分吗？

我说，要个孩子证明我爱过你，这有什么不对吗？

他转过身去，背对着我，语气冷冷地说，你是不是以为有了我的孩子有就有了一切，然后进一步让我娶你？告诉你，我不会。

我不相信地看着他，这是我爱的男人说的话吗？他以为我会以孩子要挟他？我狂笑着说，我就是想和你结婚，如果你不娶我，我让你在政界臭掉，让你永世不得翻身。

他冲过来，扭住我的胳膊，你这个恶毒的女人！你开个价钱吧，要多少钱你才能放过我？

爱情到了这个地步，真是一场闹剧了。

那晚，我搬离那里，无处可去，就给米耳打了电话。十几分钟后他来了……后来的几天，我一直发烧，米耳给我煲了各式各样的汤喝，还给我买了纯棉的家居服。而且，米耳居然会做很多甜品，让我直流口水。奇怪的是，我以前和林在一起时，是从来不沾甜品的。

米耳说，一个女人，只有爱吃甜品了，才是找到爱情了。这个家伙，什么都能和爱情挂上钩。

我总是说，亲爱的米耳，你不能爱上我，快去找一个年轻漂亮的女孩子爱上一场，我已经二十八岁了，你和我没什么结果的。

但他笑，我有超强黏合剂，会让你的伤口一点点黏合的，什么时候你发现爱上我了，可别不好意思。

我被他气笑了。我说，到时伤透了心可别埋怨姐姐。他过来拍我肩膀，行了，你不就是单恋了一场吗？你根本没明白恋爱是怎么一回事，我要让你对爱情的步骤有一个全面彻底的了解，首先，早晨和晚上，你要每天亲吻我的面颊，那么从现在开始，你可以试验一下，说着，他伸过脸来。

我笑得肚子疼，在床上不起来。他却跑过来，然后俯下身来，在我的面颊上亲了一口。

我呆住。他没事似的说，以后习惯就好了，爱情，就应该卿卿我我的，这些小细节，会让你慢慢爱上我。

是的，在以后的日子里，我慢慢地爱上了米耳。当我重新找到一份新工作后，我用第一个月的薪水买了一条领带送给米耳。米耳说，为什么要送我领带？他感动地望着我。

我诡秘地一笑，然后说，因为在以后的日子里，我要牵着你的脖子走。

1000 块拼图的爱情童话

> 她回来了，让一直等待的他为她的这幅画补上了最后的一小块，成全了那颗心，成全了爱，成全了他和她之间的爱情。

在他和她相爱的第三年，她决定离开，并不仅仅是离开他而是离开这里，她要出国。她总感到自己太压抑，想出去走走。他没有说一句挽留她的话，只是在机场为她送行时，他送她一盒拼图。他说这不是一般的拼图，整整一千块，我不要你很快将它拼完，而是希望在你想起我的时候，就拼一块，当你拼完的时候，想回来了，那我在这里等你，如果你不想回来，那么我祝福你。

于是她带着拼图飞走了。偶尔会给他打打电话，写几封电子邮件，两个人总是淡淡的，关于她的归期，她不说，他也不问。

第一年，她在富士山看樱花，她说她的拼图只拼了 150 块，因为樱花太美了，让她无暇想起他。第二年她已经开始在白宫大街旁的小路上散步，好像想他的日子多了起来，因为她拼到了 480 块。第三年她说她忽然想看看康桥的美，于是来到有着惜别味道的康桥。这一年她的拼图拼到了第 819 块。

朋友都在劝他，不要再等她了，因为她走得越来越远，不会再回来

127

了。但他只是笑着，说，不，我会等到她的。地球是圆的，她虽然离我越来越远，其实却是越来越近。

第四年，他没有收到她的任何信，也没有接到她的任何电话，因为她回来了，做了他的妻。朋友都很惊讶，一贯不喜欢被约束的她怎么会回来，而且还成为他的妻？

这时的她总是一笑，指着他们家客厅的一幅画说，都是因为它。

抬眼看去，那只是一幅用众多的小拼块拼成的画而已。因为长年随着女主人旅途的辗转与岁月的流逝，早就失去了它原本鲜亮的色彩，整幅看上去灰蒙蒙的，同时因为它没有太多的意境在里面，反而透出一种商业气息。

没有什么啊，很一般的一幅画了。朋友总是不解说。

再仔细看看，她耐心地说，并用手指指了指画的右下角。

在那里有个繁体字写的爱字，一个有心的爱。"心"字其中一点的小拼块和所有的都不同，很新，有着与众不同的光泽，就像是放了一块新的。

那年的她在拼完第九百九十九块的时候怔住了，然后想他在机场所说的，她明白了。于是她回来了，让一直等待的他为她的这幅画补上了最后的一小块，成全了那颗心，成全了爱，成全了他和她之间的爱情。

人生就是一幅大拼图，我们每个人都在寻找属于自己的，想将它拼得绚丽多彩，但不管我们是怎样的拼，如果没有找到握有最后一块可以给你完整人生的人，那么一切都是枉然。

爱是永不枯竭的源泉

爱是一股永不枯竭的源泉。在这股源泉的滋润下，面包会有的，幸福会有的，一切都会有的。

在一个夏日的黄昏，当骤来的雨点打得那个美丽的女孩子不知所措时，一个素不相识的男孩将他的雨伞遮在女孩的头顶。雨打湿了男孩明朗的笑容，映得女孩的眼睛亮晶晶的发着光。

爱就是这样毫无准备地闯入女孩的心田。

男孩是从外地闯入这个城市的，他现在算得上是两手空空，但他是个执着而又吃苦耐劳的青年，凭借这些，他已拥有了一份他所热爱的工作，现在又有了这个他极珍爱的女孩。

女孩对她身边的追求者坦荡地言明已心有所属。但一位财大气粗者却颇不服气，他不相信爱有那么大的力量，就又一次向女孩展开了攻势。

女孩说，不，我只爱他，他给了我一把雨伞。追求者说，我给你的是一所房子。说着把一张照片放在女孩面前。照片里的房子漂亮而华贵，门厅里还放着一棵挂满彩灯的圣诞树。

女孩一副赞许的样子说：这确实是一所漂亮的房子，可里面没有我所爱的人，那它就只能是一所房子，而不可能是一个家。要知道再堂皇的房子没有爱来支撑也必定会倒塌，再奢华的陈设没有爱来擦拭也会布满灰尘。你能为我点亮圣诞树上的一百盏彩灯，却不能使爱的激情燃烧。

追求者很不以为然地说：每天开门七件事，柴米油盐酱醋茶，爱大概只能是其中的一叶小舟罢了。女孩笑了，说我就是因为怕被横流的物欲所掩没，所以才要死命地抓住那一叶小舟。

追求者摇摇头说，喝着西北风谈情说爱，并不是一件浪漫的事，你是不是对他说，亲爱的，就是跟着你要饭我也会爱你一辈子？追求者的眼神里有几分讽刺。

不！我们为什么要喝着西北风谈情说爱呢？女孩大声反驳，我更不会说"就是要饭我也要跟他"的话，那不是爱，那是在看不起他。人生的路那么长，他现在只是刚刚起步，何必非要计较这一时的所有呢？凭着他的个性与能力，我相信他将来一定会事业有成。还有我，我的快乐不在于别人赐予我什么，而在于用双手和所爱的人一起创造我们的生活。我想我们将来一定也会有这样的一所房子的，我们会一起点燃圣诞树上的一百盏彩灯来招待客人，到那时希望你能够光临，看看我们的爱情所创造的一切。

追求者很有些想不通，为什么颇有些家资的自己（怎么说他也是一位大公司的老板呀！）竟敌不过一个初出茅庐、赤手空拳的穷小子。

女孩眨了眨明亮的大眼睛，微笑地替他回答，这个道理很简单，你能给我一所房子，可你能在一生中随时为我打起一把遮风挡雨的伞，而宁肯自己在风雨中挨淋吗？

追求者歪着脑袋，沉默良久，才喟然长叹一声道，想不到我的一所房子竟会输给了一把雨伞，说出也不会有人相信，真是滑天下之大稽！

爱能打开通往幸福的门，同样能打开通往事业成功之门。因为爱是一股永不枯竭的源泉。在这股源泉的滋润下，面包会有的，幸福会有的，一切都会有的。

幸福从拥有你的爱开始

这是我前半辈子从来没有得到过的爱，此生我能够真正地爱过这一次，无论怎样的结果，我都无怨无悔。

一

素瑾打开电脑，鼠标轻轻一滑，进了一个热闹的聊天室，她用网名"新生"在大屏幕上打出一行醒目的文字："朋友们，今天我终于离婚了，终于从一个长长的噩梦中醒来，我快乐，因为我获得了新生，请这里所有的朋友都为我庆贺吧！"一时间里，大屏幕上立刻就跟出了一大串的跟帖，五花八门，说什么话的都有。无论是祝福的还是攻击的，无论是好听的还是难听的，所有的回帖，素瑾一个都没有回。她只是静静坐在屏幕前观看，这样热闹的场面是她今天想要的，接下来的时间，却是她独自品尝的时光。

今天，素瑾终于离婚了。那段 12 年的婚姻生活，对她而言，是一段痛苦的日子。没有生育能力的她，备受前夫暴力与不检点地折磨，这么多年来她一直生活在没有感情的黑暗中，所以当她好不容易挣脱出来时，当她拿着蓝本本走出法院大门时，她的心里升腾出一股强烈的冲动，真想站在大街上对着川流不息的人群大喊一声："我终于离婚啦！"可是，这么做的后果，定会被别人当成精神病人的。于是，她想到了网络。只有在虚拟的网络上，她才能无所顾忌痛快淋漓地大喊一声呐。

此时此刻，素瑾的心里感到从未有过的平静、轻松与痛快。

多日后的一个夜深人静的晚上，素瑾又一次滑进了这个聊天室里，她仍以网名"新生"注册，马上就有人问："是那个庆贺离婚的人吗？"没想到过了这么多天了，还有人记得这件事情。她回答："对！"那人又问："你是女是男？"她反问："这重要吗？"那人嬉皮笑脸："当然，因为我是男的，所以想找个女的聊聊啊。"这是一个无聊的家伙，素瑾没再搭理他，下了线。再上网时，她干脆注册了一个能够表明自己真实年龄与性别的网名——"女人 40"，或许这次过于直白了点，结果……唉，人人敬而远之。

实际上，在聊天室里，或是弥漫着暧昧的空气，或是缠绵着激情的欲望，而这所有的感觉，似乎都适合于在一份虚拟的不真实环境中滋生成长。不需要知道年龄、职业、婚否，只需要一个暂时游离的灵魂去加入，这就是网络的游戏规则。

显然，素瑾是不适合玩这类游戏的。因为每次在聊天室里，她不但要表明自己的身份与年龄，而且还特别希望找一个和自己差不多岁数与经历的同性聊天。可是，结果又是……这要求太苛刻了。反正，她每次在网上，很难碰到可以聊一聊的人，即使偶尔有那么一两个人，也总是话不投机，而速战速决。所以更多的时候，她只是挂在网络上。其实，聊不聊天，她倒是无所谓。她喜欢泡上一壶绿茶，打开音乐，听着自己喜欢的蔡琴的老歌，全身放松地观看别人热火朝天地聊，好像她是专门花钱来这里看热闹的。

自从离婚以后，素瑾的生活突然之间就变得如此的随心所欲。压抑了多年的自由与自我，终于全部被释放了出来，她喜欢活在自己喜欢的这份状态之下，没有道理可说，喜欢决定一切。

二

雨大滴大滴地敲打着玻璃，电脑屏幕闪烁着。素瑾默默地挂在网上的局面，被一个网名叫"男人30"打破了。

那天，他一个劲地缠着素瑾，素瑾一次次地拒绝他，她第一个感觉就是这个男人实在幼稚可笑，他用网名"男人30"来找她这个"女人40"，这不是存心嬉戏、难为她吗？所以在素瑾看来，这是一件无聊透顶的事情，她本能地对他产生了排斥心理。奇怪的是，他并不死心，坚持要与她相识，素瑾被逼无奈，只好下线走人。

可想不到的是，第2天素瑾刚上线，这个"男人30"马上就又出现了，并在大屏幕上不停地向她问好，素瑾不愿理睬他，他仍坚持着，素瑾只好又下了线。第3天、第4天、第5天都是如此。更奇怪的是，每次素瑾下线后，再随便敲一个网名进去时，惊奇般地发现那个"男人30"也下了线。呵呵，他该不会是专找她这个"女人40"聊天吧？素瑾的心里很纳闷，她似乎感觉有些不对劲。到了第7天，素瑾面对这个"男人30"的执着，终于回应了他的招呼："为什么要和一个比你大许多的40岁女人聊天？"他说："年龄并不重要，重要的是你的诚实让我感觉真实可信。"

一句简单的话，像夜里的风悄无声息地叩开了一颗心。

其实，从素瑾在这个聊天室里，发布那个"庆贺新生"帖子的那天起，也许是同病相怜吧，他就开始特别关注她了。尽管后来她改了网名，但是直觉告诉他，"新生"和"女人40"一定是同一个人，他特别相信自己的这份直觉。更重要的是，冥冥之中，他总有一种感觉，他和她之间一定会有许多默契与相互理解的地方。

三

那天以后，素瑾装上了QQ，并开始在这个QQ里接纳了这个比她小了整整 10 年的小男人。

他的真名叫"林泉"，一个很好听的名字。

他们经常在 QQ 里从天谈到地，从古谈到今，从文学谈到音乐，每一个话题他俩都谈得十分投机与酣畅，许多看法与观点竟然是惊奇般的相似。他的身上既有超出他这个年龄的成熟思维，又有年轻人的敏锐朝气，素瑾越来越糊涂了，有时候竟然都忘记了他是一个只有 30 岁的年轻男人。而且和他聊得多了，素瑾也感觉到自己一天比一天年轻了，心情也一天比一天地好了。这是素瑾这么多年来从未有过的感受。

一次，他们谈起了婚姻与家庭。至此，素瑾才知道，年纪轻轻的他竟然和自己一样是个离过婚的人。结婚不到一年的时间，他把红杏出墙的妻子堵在了床上，他没吵没闹，第二天就和妻子办理了离婚，他说他实在无法接受这份耻辱。

相似的遭遇让他们俩之间有说不完的心里话，他们相互关心安慰。他比她小许多，自然让她对他更多了一些怜惜。天冷了，她提醒他多注意保暖；天热了，她提醒他多注意降温；工作中遇到阻力时，她开导他激励他；生活中碰到困难时，她想法子帮助他。他经常激动地说："姐，你真是一位善解人意、知冷知热的好女人啊！"每次听到他这样夸奖，不知为什么，素瑾的心里就特别开心。

接下去的一切就像所有的故事一样自然地发生，平淡，偶尔也有高潮。只是，素瑾不敢对他产生任何不切实际的想法。

四

一个星期天的早晨，素瑾接到他的手机短信："我已在你家的楼下，我能上来吗？"他们俩在网上聊了 8 个多月了，虽然都知道两座城市离得很近，但是他们俩谁都没有主动提出过见面这件事情。

"他来了，为什么？"此时此刻，面对突然到来的他，素瑾的心里顿时有些慌乱，心跳无法控制地加快。还没来得及多想，门铃响了，素瑾一边慌忙地抬起有点儿抖动的手，把落在眼前的一缕凌乱的头发朝后理了理，一边颤抖地去开门，眼前站着一个留着长长络腮胡子的陌生男人，她愣住了。

虽说和他还没有见过面，但是他们相互发过几次照片，照片上的林泉长得很清秀，也没有络腮胡子。素瑾正感疑惑不解时，"姐，不欢迎我吗？"林泉微笑着摸了摸胡子告诉她："姐，这一大堆络腮胡子是我专门为这次相见而留的，已经留了好几个月了，而且我还准备为姐留一辈子呢，你说，好吗？"……原来如此，用心良苦。

素瑾眼眶湿了，心头颤得更厉害了。

那天，林泉滔滔不绝地讲了很多话，素瑾一直是被动地听着……林泉讲着讲着，突然一把握住素瑾发抖不止的手，激动地说："姐啊，我爱你，我爱你细细的皱纹里那份成熟的风韵和那双充满真诚、智慧与慈爱的眼睛，在你的怀里我最踏实最舒畅，你嫁给我吧。"这是一个 30 岁年轻男人对一个 40 岁中年女人的求婚誓言。此刻，他在满怀希望地等待着她的回答。房间里一片静谧，素瑾晕了，她的心跳动得更慌乱更猛烈了。

可是，素瑾知道自己的年纪比他大了整整 10 年啊，而且自己还不能生育。一想到这些特别实际的问题，素瑾便竭力地压抑住自己激动的情绪，很理智地劝阻："弟，你千万不要心血来潮，你受到很好的教育，有不错的工作，应该有美好的婚姻与未来。你的一生才刚刚开始，而我已经是人老珠黄，生命过半，又不能生育，和你在一起生活是不合适的。而且这份感情在实际生活中也是难易生存的，别人的口水终究会把我们俩淹死，双方亲友们的反对也会把我们击垮。"

"这些我们一起挺过去！有没有孩子也不重要，重要的是我爱你，你也爱我，我认准了此生非你不娶。"他将她紧紧地搂进怀里，让他的温暖与坚定包住她。她知道必须离开他，可是他把她搂得更紧了。她感到自己薄弱的理智，正一点一点地淹没在他爱的气息里。然而，内心深处总有一个声音在不停地警告着她："停止！"她试图坐直身子，却动弹不得。"别离开我，姐，我真的爱你，我知道你也是爱我的。"他在她的耳边轻声低语。她醉了，这种感觉她这生中，还没有过一次。于是，她的内心出现了另一个声音："留住他！"

在林泉猛烈而又执着的爱的攻势之下，素瑾决定也要豁出去一回，因为这辈子她没有被人这么真实地狂热地爱过。

五

不出所料，素瑾和林泉的忘年爱情，遭遇到了极大的阻力，在他们两人的生活圈中引起了一场轩然大波。没有一个人表示同情、表示支持、表示理解。林泉怎么也想不明白，在爱情婚姻中，女人的年龄为什么就不能比男人的年龄大多一点呢？

林泉第一次带着素瑾回家，他的父母亲甩门而去。紧接着，他的父母以死相逼让他离开她，还发动所有的亲朋好友轮番做他的工作，就这样，闹腾了好长时间。素瑾那边情况稍稍好些，但是遭遇大致也是如此。而且这份忘年爱情，还让他们俩在一夜之间，都成了两座小城里的公众人物，成了人们茶余饭后的笑谈。

可所有这一切，并不能击垮素瑾和林泉，因为对这一切的到来，他们早就做好了充分的准备。为了这份忘年爱情，他俩选择了众叛亲离，结婚了。爱情的力量真大啊！而且，他们两个人做了一个大胆的决定：辞职，离开各自的城市。在一位朋友的帮助下，林泉带着素瑾去了一个南方城市。在那里，他们用两个人所有的积蓄开了一家休闲书吧。

平日书吧里，顾客稀稀落落的，不是很多，但是维持生活倒不成问题。素瑾的收银台上放着一台电脑，生意不忙的时候，她会上网玩玩游戏，看看别人聊天或听听喜欢的老歌。每当这个时候，林泉都会亲手为她泡上一壶她喜欢的绿茶，然后一个人在店里打理生意。偶尔，素瑾抬头悄悄地看他一眼，幸福的感觉溢满心房。

当然，他们俩无论走到哪里，总会接收到别人异样的目光，他们也已经习惯了。

这天，林泉给他父母寄的钱又被退回，这已经是第 5 次了。他对素瑾说："我们要一直一直寄下去……相信总会有金石为开的那一天。"素瑾轻轻地握住他的手，坚定地说："我相信！"

这时，素瑾突然想起了她的亲友们曾严重警告过她："10 年以后，50 多岁的你，还能对他有什么吸引力？到时候只怕你后悔来不及啊。"素瑾想："不会有他们料想的那种可能的，就是有，我也不会后悔拥有过这份爱情。他爱得那么真诚那么炽热那么不顾一切，这是我前半辈子从来没有得到过的爱，此生我能够真正地爱过这一次，无论怎样的结果，我都无怨无悔。"素瑾想着想着笑了。

林泉望着她，爱意写在眼睛里："你笑什么呢？"素瑾轻轻地说："幸福从拥有你的爱开始。"林泉也笑了，他相信，这就是他们俩幸福的定义。

牵手就要牵牢，牵到底

> 人生是一次旅程，夫妻是最长久的旅伴，有牵手的时候，也要有松手的时候。这样的生活才合理，夫妻感情才真诚。

二十年前的冬天，热恋中的小艾和大刚利用假期去云南旅行。为了省钱，他们坐硬座。一路上不断有人上车，过道上挤满了人。入夜，火车停在一个小站，又上来一群人。一个大胡子中年人挤到大刚身边，像见到熟人般招呼着："往里挪一挪，我就坐在两个站。"大刚像听到命令一样，赶紧往里挪了位置，大胡子谢都不谢就坐了下来。

大胡子从旅行袋掏出馒头吃了起来，吃完了就睡觉，鼾声如雷。

大胡子睡够了，看看手表说："看来又要晚点了。"他转身看看没有入睡的小艾和大刚，问："旅行结婚呢？"大刚红着脸，用蚊子般细小的声音回答："还没有结呢。"大胡子朗声大笑："没关系，结得成。我以前有个对象，分配到新疆支边，我当兵去了西藏。我们约好，每年她回家探亲，我就利用假期到她转车的车站去见她。可是十年中只见了三次，每次不到半小时。原因是火车老晚点，有时候一晚就一天，总是等不及她到来，我就要赶回部队。就是等到她了，站在站台上，匆匆忙忙地说几句话，连手都不敢拉一拉。后来她为了回城嫁了个工人，第二年我也转业回到老家，我们见了面都哭了。要是火车不误点，我们年年见面说说心里话，哪能分手呢？也怪我，当时我要是不去当兵，和她一起去了新疆，我们就结成了婚。你们可要记住，夫妻就是人生伴侣，不搭同一趟车，不算伴侣。丈夫，丈夫，一丈之内才算丈夫，天南海北就没有缘分了。只要和自己喜欢的人生活在一起，穷也好，富也好，到哪里生活都无所谓。"

火车果然又晚点了。小艾和大刚耐心倾听着大胡子讲故事，庆幸他们并不存在晚点的危机。

小艾和大刚在郑州转车，上来六个军人，因为是临时买的票，于是分散坐在几处。小艾和大刚对面坐着两个男兵，其中一个高个子，一上车就看书，非常文静。不远处的另外两个女兵和两个男兵，又是唱歌又是打扑克，说说笑笑没个完。

火车在云贵高原的群山中穿行，小艾和大刚正兴致勃勃地观赏窗外的景色，突然发现，不知道什么时候，对面两个男兵中的一个走了，换了一个女兵，正倒在高个子男兵的怀里睡觉。难道他们是一对？五个兵都到餐厅吃饭，只剩高个子没去。小艾忍不住问他："那个女的，是你对象吗？"高个子微笑着说："是我爱人。"大刚问："她怎么不跟你一起坐？"大个子又是微笑："她是舞蹈队的，喜欢和他们队的人在一起。我是乐队的，和他们合不来。"看小艾和大刚不以为然地努努嘴，高个子解释道："爱人只要满足对方60％，就已经是幸福的一对了，还有40％要让对方到别人身上去满足。两个人爱好、举止总有不一致的地方，不要事事强求一致。我爱人比较活泼，我内向沉稳，她从来都是和别人一起看电影、跳舞、唱歌，我也有自己的圈子。人生是一次旅程，夫妻是最长久的旅伴，有牵手的时候，也要有松手的时候。这样的生活才合理，夫妻感情才真诚。"

小艾和大刚旅行刚结束，小艾在美国的伯父就提出申请要她去美国留学，条件是她先不要结婚，等她在美国站稳脚跟再说。大刚的父母则希望儿子尽快考大学，等大学毕业后再结婚。等待着他们的是两趟不同方向的列车，即将开始的是天各一方的人生旅程。小艾和大刚最终放弃了出留学和读大学的机会，立即结婚。婚后，他们读同一所业余大学，成为班里唯一的夫妻同学，几年后大刚下海，小艾跳槽，分别有了自己的天地。无论事业上有多少腾飞和发达的机会，他们绝不分开生活，坚持搭同一趟车。无论何时何地，他们都让对方去满足另外 40％的需要，牵手时牢固，松手时洒脱。20 年后，经历了许多艰辛和奋斗，小艾和大刚仍然相爱如初，满足地生活在一起。在儿子十八岁生日这天，他们把大胡子和大个子的故事讲给儿子听，同时也告诉儿子，他的父母当初怎样选择了共同的人生旅途。

第三辑
用心付出用心爱

一碗羊汤泡面

> 每当她坐到傅文对面，看着自己爱
> 着的那个男人一口一口吃掉她为他做的
> 羊汤泡面，内心里就充满幸福。

她其实是个顶怕吃羊肉的人。她不喜欢羊肉的那种羊膻味，每次闻到，都有要呕吐的欲望。小时候家里人曾把羊肉包在饺子里，哄她说那是猪肉馅饺子，但她隔了一层饺子皮，还是把它闻出来了。

可傅文喜欢吃。傅文说，羊肉肉质最为细腻，暖胃，对皮肤也好。傅文还喜欢吃羊汤泡面，一大碗羊汤泡面，他能吃得精光，连汤也喝了。

她喜欢听傅文说话，喜欢看傅文说话的样子。傅文其实也就一个普通的男人，但在她眼里，就是与别的男人不一样，特别是他说到羊肉时，眼里流露出的温暖光芒让她着迷。她认为，他是一个对生活充满热爱的男人。

女人一旦爱上，便变得痴情。她也是。为了傅文，她第一次买了羊肉回来吃。第一次吃，她呕吐得恨不得连胆汁都要吐出来。比她小一岁的妹妹在一旁看不过了，气得把羊肉全倒进了垃圾筒，说，姐，你这是自虐嘛！她却强打精神，又去买了羊肉回来，笑着对妹妹说，傻丫头，你不懂。

她苦练的结果，是使自己的味蕾完全丧失了对羊肉的抵抗。傅文再来，她可以亲自下厨，为他煎羊排和做羊汤泡面了。每当她坐到傅文对面，看着自己爱着的那个男人，一口一口吃掉她为他做的羊汤泡面，内心里就充满幸福。

这样的爱情，很温暖，像一碗羊汤泡面，冒着暖暖的气息。她以为可以为他做一辈子羊汤泡面的。但是一个冬天过去后，傅文却提出了分手。分手的理由是，他受不了她身上永远不散的羊膻味。你除了会做羊汤泡面外，你还会做什么？这是傅文最后扔给她的话。

她愣在春天的阳光下。春天的阳光，散发出花朵一样的光芒，暖暖的，像羊汤泡面上冒出的热气。但爱情，却走了。

再认识一个男孩时，她的心，已裹在一层茧了里面了。男孩却很喜欢她，请她看电影，请她吃饭，请她去唱歌。她的态度不冷不热，每次男孩说什么，她都微笑着点头说好。只是在吃饭时，却固执地只点一种主食——羊汤泡面。男孩见她点羊汤泡面，也跟在后面点，但她分明看到，当他把第一筷子面条送进嘴里时，他的眉头轻轻皱了皱，随即却恢复常态，很开心地对她说，味道不错。

她生日那天，男孩亲自去菜市场买菜，挽着袖子，在租住的小屋内做菜给她吃。她应约而至的时候，十几平方米的小屋内，满满当当飘着的，全是羊膻味。男孩正挥舞着铲子在煎羊排。看到她，男孩欢欢喜喜地说，我今天给你烧了羊肉，烤了羊肉串，还烧了一锅羊汤，留着给你做羊汤泡面。

她倚着门静静地看着他，就想起那年冬天，她在锅上为傅文做这些。那个时候，支撑她的是爱情。眼泪，不知不觉地流下来。

男孩慌了，以为是油烟呛着她了，忙关了煤气灶，拿毛巾给她擦泪。可那泪却越擦越涌。终于，她说，我不喜欢吃羊汤泡面，真的，一点也不喜欢。男孩立即怔住，半天才讷讷道，天，我也是，为了你，我苦练了两个月。

心，破茧而出。一个肯为她迁就着吃羊汤泡面的男孩，是值得托付终身的。她看见，爱情插着翅膀飞来了。

我是你的手啊

你的手可以做事的时候，你自己做；

你的手不能做的时候，我就是你的手啊。

多年未见的大学同学，在班长组织下办了一个聚餐会，他和她一同赴宴。席间，有一道大闸蟹，是她最爱吃的东西。不一会儿，她就拣了几只放在盘里。

她看着他，没有自己动手，那意思很明显：你帮我剥壳剔肉。他看见了她的眼神示意，却附在她耳边说："自己动手，丰衣足食。"

周围的同学看了，纷纷叫嚷："打住打住！当着这么多人还窃窃私语，有什么见不得人的啊？快老实交代。"她起身尴尬地逃往洗手间。回来时，在门外分明听见他的声音，很大很响亮。他说："十年前，我老婆还是我女朋友的时候，她要 5 只，我就给她剥 10 只！现在，我连帮她脱衣服都没兴趣了，还剥壳呢！"而多年前，正是这个举动坚定了她嫁人的心。她的失落在哄笑里淹没了。

回想起当初他追求她时的殷勤关怀，她愈发感觉到他现在的疏忽冷淡。难道，十年的时间已经让他们的爱情褪色？她甚至猜测着更坏的结果。一天，她一不留神摔了一跤，右手骨折了。她心情不好乱发脾气，他始终笑脸相向，还耐心地讲笑话逗她开心。这天，他学着烹调书，煲出一锅"花生猪脚汤"，说是可以让她的手尽快复原。她喝着香浓滑润的汤，由衷地说了一声："谢谢你。"

"傻瓜，谢什么。"他轻刮一下她的鼻子，说："我给你讲一则古老的传说：很久很久以前，每个人都有两个头，四只手，四只脚，而且不分男女。人类非常聪明，幸福地生活在地球上，后来遭到天神嫉妒，天神就把人类劈成两半。从此以后，每个人穷其一生，都在寻找着自己的另一半。我找到你，我们就完整了。你的手可以做事的时候，你自己做；你的手不能做的时候，我就是你的手啊。难道你会因为手做了事，而向自己的手道谢吗？"她不禁听得呆住了，耳边回荡着一句：我就是你的手啊。

既然他的手就是她的手，她又何必计较是自己剥蟹壳还是他来剥呢？那些浓浓的关爱，已经注入需要时的一杯清茶一碗热汤之中了。

慢一步，是因为心疼

> 她还是会常常想起他来，那个后挂电话的人，心疼她的人，即使缘分尽了，可是她想念他。

相爱时，她们总爱打电话，特别是半夜的时候。

总有那么多话说，电话里都深情蜜意的，总舍不得放下电话，到最后不得不放时他总说，你放吧，你先放。

她习惯了先放电话，放了电话，安静地睡去，每次都这样。

后来的一次，有人叫他，他有急事，匆匆地走了，电话咔嚓就断了。这次是他先挂的，她愣在那，手里握着还热的电话线，有点茫然。

那天晚上，她一直失眠，没睡好。

咔嚓一声，好像所有的温暖就此消失了，好像刚才还生动的人一下子坠入了黑暗中。她想，自己先挂电话的那些日子，他是如何过的？

问他，他说，好半天才会醒过神来，觉得心里空落极了，那边的人和声音都消失了，在黑暗中，发半天呆，肯定得好长时间才会睡着。

原来也是这样孤单的心情！

她舍不得他孤单，从此两个人约定后，一起挂断电话，喊"一、二、三"，因为他们都知道，剩下的那个人是孤单的。

后来，因为他，她养成了习惯，即使和朋友打电话，她也是最后挂电话的那个人。她觉得，她应该让朋友感觉到温暖和不孤单。

后来，他们分了手。因为感觉不再有激情，因为觉得彼此到底不是自己要找的那个人。

她记得分手的那个电话，他说，这次不要喊"一、二、三"了，你先挂吧。

她说，你先挂。

他挂了。那声电话咔嚓一响，她就知道，她和他的一切已经过去，如风吹过千山，云跃过海面，一切，云淡风轻——因为他终于舍得了，舍得了她孤单。

后来她又恋爱，男人总是自私地咔嚓一声就挂了电话，甚至说到半路，他不高兴了，也猛地咔嚓一声挂了电话。

所以，在很多次打完电话后，她还是会常常想起他来，那个后挂电话的人，心疼她的人。即使缘分尽了，可是她想念他。

是的，这想念与爱情无关。她想念给她温暖的人。当然，她知道，一定也会有人想念她，因为，她也是那个后挂电话的人。

侧面照

　　　　　他们诉说，说自己的挚爱，说自己
　　　　美好的愿望；别人倾听，听两颗怦怦的
　　　　心跳，听悲苦但无憾的美丽。

病床上躺着的是一个年轻的小伙子，在长时间病痛的折磨下，他的脸有些变形。但他仍坚强地笑着，用手臂搂住坐在旁边的女友。

这是一个现代都市的浪漫爱情故事。他得了绝症，她辞掉了工作，专心在医院里照顾他。两年的时间，在这个变幻多端、诱惑良多的年代，并不是一个很短的时间，她始终不渝地在床前端饭端药，跑前跑后地伺候着。他们还没有结婚，但他们纯洁的恋情打动了所有的人。

病友换了一个又一个，有的康复出院，有的进了太平间。而小伙子的病情不见好转也不见恶化。

终于有一天，医生告诉他们一个沉痛的消息：小伙子的生命过不去这一周了。女孩儿痛哭失声，小伙子却长舒了一口气。报社的记者们知道了这个感人的故事，匆匆赶来了。

别人诉说，说自己的挚爱，说自己美好的愿望；他们倾听，听两颗怦怦的心跳，听悲苦但无憾的美丽。每个人脸上都淌满了泪。

记者提出给两个人拍一张照，女孩儿拢了拢头发，准备配合记者拍照，小伙子却拦住了："还是不要拍了吧。"

"为什么?"

"将来她还要嫁人呢！我不想打搅了她以后正常的生活。"

她扑进他怀里失声痛哭。

第二天报纸上登出的是女替身的侧面照。是一个美丽得让人心碎的侧影。

爱情钥匙

> 爱情的钥匙是用心打造的。一个微小的细节，或许就是一把真情的钥匙，它能打开神圣的婚姻大门。

在生活方面，玲最大的缺点就是有些丢三落四。当然，主要是钥匙。

这天下班，走到家门口，她才发觉钥匙不见了。崭新的防盗门，牢不可破，玲一筹莫展。邻居走过来说，找 110 试试看。于是她拨通了 110，一个柔和的声音回答说："对不起，我们这太忙，不能出警，你最好去找街头急开锁的师傅。"

天已经黑下来了。到哪里找开锁的师傅呢？邻居宽慰她说，"姑娘别急，会有办法的。你要不找你男朋友看看，说不定……"玲连连摇头说，"他也没有钥匙。"玲同兵恋爱两年了，她一直对兵的感情把握不准，因此一直没有给他房门钥匙。邻居说："或许，他有办法的。"玲说："他住得太远。"

最后，她还是给兵打了电话。兵一点也不着急，温和地说："你摸摸背包底部的夹层，看看有什么。"玲疑惑地伸手探进夹层，竟摸到了一把钥匙！"好你个兵！"玲惊喜地叫了起来。兵说："我怕你哪一天丢了钥匙，开不了门，就给你藏了一把备用的。我知道，你背包是不离身的。"

玲打开了厚重的铁门。她坐在沙发上，捧着这把钥匙端详了好半天。然后，她又拨通了兵的电话，轻轻地说："我想好了，我们元旦就结婚吧！"兵的欢呼声，甜蜜地敲击着玲的心房。

爱情的钥匙是用心打造的。一个微小的细节，或许就是一把真情的钥匙，它能打开神圣的婚姻大门。

爱情左撇子

虹听完哭了，哭得很伤心，我相信这应该是她此生最浪漫的爱情了！

虹是一个在农村长大的女孩子，小时候母亲因病过早地去世了，生活的重担让虹从小就学会对困境的逆来顺受，宠辱不惊。高三时，一向成绩优秀的虹却因一场疾病被剥夺了上大学的权利，素来体贴父亲的虹，独自一人来到了南方寻梦，撑起了上高中弟弟生命里的一片蓝天。

在南方这座喧哗的城市里，一种比流行感冒还盛行的异乡的孤独在每个流浪者的心中流淌着，这种情愫在虹的体内积蓄着，最后竟淤积成一篇优美的散文。虹把它不抱任何幻想地扔进了邮箱。然而这篇文章最后却被一个叫夏雨的编辑刊发出来了。

虹对这个陌生人产生了一种强烈的渴望，其中有对他的感激，也有一种好奇。虹已经是 22 岁的女孩了，长得清纯美丽的她在生活中不乏追求者，可虹对他们都没有那种特别的感觉。一直没有轰轰烈烈地爱过谁，与男友分手时也不会感到伤心。虹终于决定去做平生第一次浪漫的爱情之旅，她决定去见一下这个有着一个好听名字的陌生编辑。或许可以收获一份爱情呢！虹在内心这样羞怯地对自己说。然而见到夏雨时，虹却有些失望了。夏雨长得并不俊朗，个头也矮矮的，而且还有一些木讷，这与她想象中的形象相去甚远，虹不由得有些失望。

然而好在夏雨为人还十分实在，带她在广州街头游逛了几天，让她收获了不少快乐。虹对夏雨的感觉始终与前几任男友一样，一直没有特别"来电"。也许浪漫爱情早已埋藏在了地狱，虹的心中隐隐有些不快。

虹在工厂的工作很单调，每天除了接接电话之外，就是打印一些文件，有时清闲得让人几近窒息。虹想起要参加自学考试，给生命一个承诺。虹把自己的想法告诉了夏雨，夏雨当时一听虹想参加自学考试，十分支持，马上替她到购书中心买了教材并替她报了名。也就是从这一年起，夏雨放弃了即将毕业的法律专业的自考，与虹一起重新报考了中文专业。夏雨对虹说，我们一起参加自学考试，看谁先毕业，为了激起虹的斗志，夏雨伸出手指与虹拉了拉钩。

在这两年中，虹和夏雨比赛似地学习，尽管两人都已超过了那种三言两语就容易激动的年龄，但在对待自考这件事上，两人都是十分认真地。这样紧张的学习让虹暂时忘却了生活与爱情上的烦恼，比以前明显快乐了许多。两年后，虹和夏雨同时拿到了毕业证。那一刻两人竟像孩子似地拉着手跳了起来。

后来虹换了一份舒适的工作，但时间一长，往日的烦恼又重上眉梢。虹为心目中期待的那份心悸的爱情而等得形容憔悴。现实中的夏雨绝对不会是这样的恋人，尽管他是那么诚实而执着，但这些却很难让虹的情感激起幸福的涟漪。

夏雨就是这么平常，放在人海中，你几乎很难将他分辨出来，在情感方面，夏雨更是呆得像个智商只有七八岁的小男孩。在与虹的所有交往中，夏雨从来没有贴近虹的耳朵，朝她说过一句令她面红耳赤的情话，也没有送给她一朵玫瑰或是任何能让恋爱中的女孩子备感幸福的东西。夏雨只是会按虹的意向尽力地去帮助虹，但前提是虹必须明确无误地让他知道他该做什么。在虹的眼中，夏雨就像是一个完全只会按命令行事的机器人，而虹就是那个操纵机器人的程序员。他们的关系好像仅此而已。

夏雨的漠然让虹大受委屈。与其长此以往痛苦，还不如早点与夏雨做个了断——虹的痛苦是在夏雨身上很难找被关爱的感觉。

最后的晚餐是在一家他们以前常去的餐馆里进行的，那晚即便是面临分手，夏雨还是与以往那样冷静漠然，这让虹的心里更加难受。菜上来了，虹却没有口味动筷。吃一点吧！夏雨这样劝她，虹拿起筷子，夹菜时却发现老是碰到夏雨的手。这时虹才十分惊讶地发现，原来夏雨并不是左撇子。

虹问夏雨，你以前不是用左手吃饭的吗？夏雨苦笑了一下，慢慢地说，他以前是一直用右手吃饭的，后来认识虹之后，每次与虹外去吃饭时，虹总是喜欢小鸟依人地靠在雨的右边，每次他的手都会碰到虹。从此之后，夏雨便学会用左手吃饭，为的是让虹每次吃饭时可以靠得他更近些。虹听完哭了，哭得很伤心，她开始相信，这应该是她此生最浪漫的爱情了！

丁香梅

他一直梦想设计一副丁香的心里是梅花的耳环，来纪念一个叫丁香梅的女孩。

快结婚了。他陪她去选首饰，一间一间的店走过来，一方一方的柜台看过去，蓦然间，她如遭电击，目光定格，手扶玻璃，生生要将台面按碎的样子。他惊讶地问："怎么？喜欢什么就买下吧。"她急急指点小姐将柜台里的一对耳饰取出："就是那个，对，那个，链子上垂着一只丁香花的。"

上午他们已经选了一套项链耳环，白金，镶嵌蓝宝石，配着她白皙的皮肤，端庄优雅，一看就是好妻子。而这副耳环不过是银饰品，百余元而已。但好在做工精细，一弯月钩上垂一线银丝，坠着一只银造的丁香花，若戴在娇小玲珑的耳上，一摇一荡，十足的江南韵味。她并不试戴，却急忙地摊在掌心里审视，看到了丁香花心镂刻成一朵五瓣梅花，外层是丁香花萼……

他凑近来看，也赞叹说："看起来蛮精致的，买下吧。"说着便让小姐开票。她牢牢地攥住那一对耳环，神色似悲似喜，小姐连唤几次，才从她手里要回耳环包装起来。他要去付钱，她决然止住他，自己走去收银台。

他说："我们去选戒指吧。"她怏怏地摆摆手："我忽然想起来，还有件事要办，明天再买吧。"一回到家，她便取出发票和产品回执单，找了银饰品的厂家电话号码，打过去。

"我要找一对耳环的设计师。"对方的客户服务中心吃了一惊，这还是第一次有人提出这样的要求。

被婉拒之后，她索性搭了飞机，一直赶到那厂子，拿着耳环，一定要找寻耳环的设计者。厂子生怕是对手公司挖角或者是别的什么诡计，坚持不透露设计师的姓名。

她急了，在接待室陈列的一屋子银饰中央落下泪来："七年前他离开我的时候，唯一的约定就是，有一天他如果成功，会为我制作一对耳环，把我的名字做成首饰。"

她取出自己的身份证，名字竟是丁香梅。青梅竹马的爱人因为家境贫困辍学，去浙江学金饰打造手艺，与她分别。两个人都知道，以后的境遇会落差越来越大，再见已经无期。心有不甘，男孩子安慰女孩子说："我不会只做一个普通的金银匠，有天我会成为首饰设计师。如果有天我能成为设计师，我第一件饰品就是打造一朵丁香梅，把你的名字嵌进去。"

她念了大学，离开家乡。而他辗转多地，俩人的音信在 4 年前已经断绝。有时她经过南方小镇，看到街头巷尾挂着"金"字标志的小店铺，总要忍不住进去看上一看，盼望那工作台后能抬起一张熟悉的脸。听她说完往事，接待小姐站起来，出去打了几个电话。小姐回来告诉她，设计师一会儿就来。

片刻之后，设计师终于出现了。她只看了一眼，一颗头就失望地垂了下去。那是个已经 40 出头的中年男人。她拿起手袋，忍着泪告辞。设计师赶紧叫住她："这个设计，应该就是你的爱人为你铸造的。因为最初的构思，是我在火车上听来的。"她愕然。

设计师说："前年我在出差路上，碰到一个年轻人，听说我是首饰设计师，他很感慨地告诉我，他差点也会成为设计师，他一直梦想设计一副丁香的心里是梅花的耳环，来纪念一个叫丁香梅的女孩。"她的泪水一下冲出眼眶："他看起来还好吗？"

设计师点点头："很好呢，他似乎一直在做服装生意，很有钱的样子，是陪新婚妻子去旅游的。算起来，也该有孩子了吧。"她的脸黯淡了一瞬，手掌握紧了那对耳环。

她离去之后，接待小姐忍不住问设计师："这个设计真的是从火车上听来的吗？"

年逾不惑的设计师微笑不语。她且悲且喜地回到自己的城市。未婚夫已经在她的屋子里等得发昏，一见面就叫起来："失踪了3天！你要把人吓死啊！"

听着这声音，看他惶急的脸，她竟觉出一缕温暖。

他恨恨地说："戒指没等你回来再挑，我挑好了！不满意就算了！"说着掏出小盒，塞到她手里。

她笑着打开，柔柔地说："款式是什么都已经不重要了。"低头一看，愣住，泪水再次模糊了眼睛：一只白金指环状若花茎环绕，接点处是一朵丁香，花心里以碎钻环成梅花心，衬托出了中间的美钻。

不需奇缘

这样的机缘，这样的等待，似很平常，却很美好。

那年，在一个家庭舞会上，一曲终了，他轻声问她：可不可以，做个朋友？她拒绝了，因为当时她生命中还有另一个男孩子。

大概半年后，他们相遇的那次舞会的主人又组织了一次聚会，她提前去帮忙。电话响起，她随手接过，是个男声，要她转告主人，说他不能来了。末了，问她："你贵姓？"她说了。那端突然说："别挂别挂。你是不是，是不是……"她也听出了他的声音。

随意聊了几句。言谈中，她知道他调动了工作，现在在一家石油公司的勘探队，他也知道她与男友分了。两人隔着长长的电话线忽然地沉默，然后他期期艾艾地开了口：可不可以，做个朋友？

可以。她很快地答，自己都愣了一下。

他提出约会，说定了时间地点。她准时赴约。

没想到他竟然失了约。

正是暮春，南京已经开始了它著名的高温天气。她在约会地点足足等了 40 分钟，汗流浃背，几次想走，却又担心他会突然来到，像她一样苦苦等待。

她后来还是只有走了，白白浪费了一个下午，却并不太生他的气。虽然只是一面之交，却总觉得他不应该是这种人——肯定是真有不能脱身的事。

只是，又一次地错过……也许真的是无缘。

她在静夜想起，微微地苦笑。

冬天来的时候，她发了年终奖，决定为自己添置几件衣物，就去了新街口。

南京的新街口，相当于北京的王府井或者上海的南京路，它的繁华可想而知。年底时分，又是一年中最拥挤的时分，人在其间，连进退都不能随意自主，而必须取决于周围整个的流向。

她正在熙熙攘攘的人群里挤来挤去，忽然听到背后有人喊她的名字。她茫然地看着那人，想不起是谁。

那人脸上浮现出窘窘的笑容，说了自己的名字。

她一怔：啊，是你？那次你到底为什么不去？

他所在的勘探队是流动性质很大的单位，就在约会当天的上午，他接到出差的紧急通知，想取消约会，却不知道她的电话和地址。实在是太仓促了，怎么都没有办法跟她联系上，在火车上还耿耿地念着，希望她不要等太久，希望她不要生他的气。

他在大西北的荒沙大漠里，一待半年，直到前一个星期才回来。不是不想去找她，然而想起自己的失约和她应有的恼怒，便觉得无颜见她。今日到新街口也没什么目的，不过是人闲下来找个地方打发时间，不料一眼便认出她。

他们一年多没见过面了。她已剪掉了长发，细巧的身段裹在臃肿的大衣里，在冬日下午的阳光下，与舞会上截然不同。而他却在武汉最拥挤的街头，在千万人里，认出了她的背影。

此后，他们结合，生活得很幸福。

这样的机缘，这样的等待，似很平常，却很美好。

什么是幸福？这才是真正的幸福！

为爱奔跑

> 阳光灼灼的夏日，一个微微有些胖的女子，在尘埃飞扬的街头气喘吁吁地奔跑——仅为回他一个电话。

他和她，不过是小城里两个平凡的上班族，共同经营着一份平常的感情。他已经忘了最初是怎么相识的，也忘了最初是怎么走到一起并相爱的。

说到"相爱"，他觉得用这两个字来形容他们之间的关系，似乎不太妥当，至少有些奢侈的味道——"相爱"应该是指"相互爱恋"吧？

当然，他感觉得到她是爱他的——从她每次悄悄凝视他，直至不自觉傻笑的脸上。

可是，他对自己的感情没有把握。用她的话形容，就是感情没到位。

其实也不是不喜欢她，他还是有些喜欢她的，要不他每天也就不会一想到什么或碰到什么，就打电话向她倾诉——但也仅限于此。

感觉上，他对她的感情，比喜欢多一点点，离爱，还少一点点。

他知道，凭她的聪慧敏感，也能感觉得出来。只是，她心里认定：事情可能会有转机，所以，她一直努力着。

他也心照不宣地配合着她的努力。

可是，这种事，总是不能勉强的，他们的努力，对他那种状态毫无帮助。

　　最后，夏日将尽的时候，她显得十分疲惫，终于轻轻地说："不如分开一阵子吧！"

　　他不作声，默认了这种提议。

　　虽然她极力控制住感情，想不失态地、平静地从他身边离开，他还是看见她眼睛里的泪水慢慢地涌上来。他心里掠过一丝难过。

　　就这么分开了。最初他不太习惯，像只无头苍蝇似的乱窜。过了一段时间，才平静了心情整理好情感。某天，他突然想起：交往那么久，他从来没去接过她。无意识地，他便踱到她办公楼的对面等待——其实也不知道等什么，他只想在她不知道的情况下去看看她。可惜，他并不知道她在哪间办公室上班，所以仍见不着她。于是，他又不自觉地呼叫了她。一会儿，他看见对面的三楼上跑下一个身影。那个身影跑下三楼，穿过一条街，沿着一条50米岔道，直跑到另一条主街上——那儿有一个公用电话亭。

　　他突然明白，为什么以前她每次回他电话，呼吸都那么急促。

　　她说过办公室里有电话，但那是公共财产。况且，一贯冷静理智的她，怎么能当着全办公室人的面，低着头，红着脸说"我想你"之类的话？所以每一次回他的电话，她都要从办公室三楼跑下，穿过一条街，沿着一条50米岔道，直跑到另一条主街上——用那儿的公用电话亭回电话。

　　每天，他呼叫一次，她跑一次；他呼叫两次、三次、多次，她跑两次、三次、多次……

　　阳光灼灼的夏日，一个微微有些胖的女子，在尘埃飞扬的街头气喘吁吁地奔跑——仅为回他一个电话。

　　他的心一动，就温柔地痛起来。

　　他忙大步流星朝那个为爱奔跑的女子走过去，他要告诉她：他现在是爱着她的吗！

多雨的季节

男孩在生命的最尽头还在苦苦挣扎，拼尽最后一丝气力看到自己亲爱的小女人安然无恙了，才放心地闭上眼睛。

女孩给男孩发了条短消息：如果家里穷困潦倒到只有一碗稀饭面对着我们两人，你会把稀饭里的米给我吃吗？

男孩回消息：这还用说吗？但是我认为一个真正爱那个女孩的男孩，就不应该让自己心爱的女人过如此生活。

女孩回消息：可有一个人的回答是这样。他说，不。我会把整碗的米连同稀粥都给她喝。这短短的对话会不会感动所有女人我不知道，可我却被深深打动了。

男孩回消息：那么连这一碗稀粥也没有，那个男人会怎么做呢?! 或者有没有想到那一碗稀饭女孩吃了是不是还肚子饿呢？

女孩却认为，男孩应该像那个男孩那样回答"不，我会把米和稀粥都给你喝。"才是真正完美、标准、唯一的答案。

因为男孩没有按女孩的意思回答好这个问题，女孩和男孩背对背睡了一夜，男孩几次想拥她入睡，都被女孩拒绝了。

上天有时总是有些不尽人意。

后来女孩和男孩走到一起的时候，由于种种原因，他们真的遇上了类似于只有一碗稀饭喝的日子。那天，男孩给女孩留言：亲爱的，我吃过了，桌上给你留了碗稀饭，你把它喝完。

女孩喝完那晚稀饭，小憩一会的时候。男孩从外面回来，给女孩带回来她喜欢吃的羊肉串、水果、奶茶。男孩对女孩说，他找了份临时工作，刚挣的钱，老板答应先付一部分工资。说完还拿出口袋的钱在女孩面前晃了晃。

亲爱的，慢慢吃，我已经在外面吃过了。说完还做了个调皮的鬼脸。在最困难的那段日子，女孩依旧快乐地生活着，男孩倒好像由于工作劳累，身体总有些不适。后来，男孩有了正式工作，女孩和男孩对他们未来的幸福充满美丽的憧憬。

女孩喜欢看电视，看到电视中报道多年前在一场大地震中，一位母亲和孩子被压在废墟下，母亲的奶水被孩子吃尽时，母亲咬开了自己手上的血管，用自己的鲜血喂孩子。数天后，人们终于扒开废墟下的母子，母亲已经血流殆尽离开了人世，嘴角沾着母亲鲜血的孩子带着天真的笑容，红嘟嘟的鲜艳小脸蛋获得了新生。

女孩问男孩，如果我们俩被压在废墟下，你会像那位母亲一样用你的血液使我活下来吗？男孩对女孩的言语竟有些激动。他对女孩说，不要老是有这样那样的怪念头好吗？你是我的女人，我会尽我所能让我的女人幸福，在任何你的生命和安全受到威胁的时候，我会不顾一切地保护好你。你是我的最爱，我也不允许你把种种不好的推测用到你的身上，亲爱的。

周末，一个阳光明媚的上午，男孩挽着女孩的手，兴冲冲地逛了一个上午，买了好多女孩喜欢吃的零食和她喜欢的衣服。走在回家的路上，两个幸福的小人儿再穿过一个路口，就能到达他们共同构筑的爱的小巢——他们幸福的小天堂了。

男孩一手挽着女孩，一手拎着买来的东西，男孩在前，女孩在后，两人走在斑马线上，就要穿过马路了。突然一辆右转弯车辆，直直地向离男孩一步之遥的后面的女孩疾速驶来，眨眼的工夫，汽车就要撞到女孩。

"砰"的一声闷响后紧跟着汽车紧急刹车的声音。一切来得那么突然，被撞者轻飘飘地飞向两米开外。路面上是一片刺眼的鲜血的红。

不！不要！由于惊吓刚刚回过神来的女孩，歇斯底里地凄惨叫声撞击着每个围观者的耳膜。女孩明白，汽车本来是撞向她的，在常人来不及反应的一刹那间的零点几秒里，男孩却奇迹般地把她推开了，自己倒在血泊里。女孩哭喊着扑到男孩身边，男孩浑身是血，女孩大声地呼唤着男孩名字，围观者说没用了，已经试过男孩没有呼吸了。女孩不相信，继续呼唤着男孩的名字，男孩竟然奇迹般地又睁开了眼睛，看了女孩一眼，最终带着安详的微笑，永远闭上了眼睛。

女孩明白，男孩在生命的最尽头还在苦苦挣扎，拼尽最后一丝气力，看到自己亲爱的小女人安然无恙了，才放心地闭上眼睛。

那是个多雨的季节，雨水把天地连成雾蒙蒙一片。

星座童话

真正的爱是写在心中的，而不是天天挂在嘴上的……

天秤座男孩转学回到了家乡小镇的高中。

蓦一抬头，看到了熟悉的射手座女孩——他的小学同学。

不用多说一句话，他们成了好朋友。

他们做了一年同桌。

一年后，分了文理科班，他们分开了。

但是，平常他们依然说说笑笑。

男孩知道，他们都还太年轻，两个人依然是最好的朋友。

又一年后，高考了。

女孩的母亲是北京知青，她理所当然回到了北京。

男孩考上了省城最好的大学。

上了大学的他们成熟了很多。男孩是第一个得到女孩的联系方式的人。

于是，书信电话等等自不必说。

但是，空间的阻隔让男孩深思了好久。最后，男孩决定继续他们之间的朋友关系。

与此同时，男孩同班的白羊座女孩向男孩表白。男孩考虑了一星期，对白羊座女孩说："只要我对你说了那三个字，我就要负责，直到永远。可是你能做到吗？"白羊座女孩不语。

后来，两人约定，四年后，如果两人仍合得来，就结合。反之亦然。

于是，男孩便全心投入自己的角色。

白羊座女孩的手对洗衣粉过敏，于是，男孩就帮女孩洗，然后微笑着送到他们宿舍。结果感动了整个女生宿舍，一洗就是四年。

一天，男孩问白羊座女孩，我将来要是失明了怎么办？女孩说，我养你一辈子……

在遥远的北京，射手座女孩得知男孩已经有了女朋友，微笑一下，什么也没说。但是，只有女孩自己才能看到自己心中的失落。可是，射手座女孩仍然偶尔给男孩打电话。两人仍然是好朋友。

很快，四年过去了，男孩的毕业设计就要完成了。在做实验的时候，发生了事故。男孩倒在血泊中。等男孩醒过来，发现世界只剩下一片黑暗。男孩已经失去了视力。

这时，她听到一个熟悉的女孩的声音。

"你醒了？"

"对了，我有一件事情要对你说。我考上了华中理工大的研究生，明天就走。以后的日子……看来我们注定有缘无分……以后，你自己要保重！"

说完，白羊座女孩走了出去。

她没有看到，男孩紧闭的眼角边有一滴清澈的泪。

其实，白羊座女孩仍然留在这个城市，她已经有了另一个可以依靠的人……

远在北京的射手座女孩还什么也不知道，但是和男孩的电话中，她已经察觉了一些变化。任凭女孩怎么邀请，男孩也不去上网，女孩说要回来看他，男孩赶忙拒绝……

于是，射手座女孩没有通知男孩，从北京来到了男孩家里……

男孩把以前的事情和盘托出。女孩已泣不成声。

射手座女孩说："你知道吗？这四年里我曾经尝试喜欢过另一个男孩，可是失败了。因为我的内心最深处有一个人，他才是我的归宿。你想知道这个人是谁吗？"

"……"

"是你。"

"你会后悔的。我已经成了这个样子……"

"我养你，一辈子。"

男孩的眼眶再次被泪水冲洗了……

射手座女孩对男孩说，其实我早就给你算过，你和白羊座相配程度只有50％，可是和射手座却有90％啊！我有自信能把你从她的手里抢过来！

男孩摘掉墨镜。惊讶的女孩看到一双清澈明亮的眼睛。

"我的生命中需要一个能和我真正同甘共苦的人。真正的爱是写在心中的，而不是天天挂在嘴上的……"

女孩哭着猛捶男孩……

真爱无言

我想我终于懂了，在满你不在乎地外表下，有颗不善用言辞表达的心，一颗最爱我的心。原来你是爱我的。

我告诉你说："我今天扫楼梯时，差点儿从楼梯上摔下来。"本来我以为你会安慰说："亲爱的，小心点儿。"但你说："扫慢点不就得了。"

我伤心了，我觉得你一点儿不爱我，不在乎我。

后来，我发现我们的楼梯异常干净，干净的都不用我扫；一个月后我才发现，那是你每天抽出 5 分钟的结果。

我告诉你："我的车子坏了，我走了半个小时才到车站。"本来以为你会关心地说："你怎么不坐出租车，累不累？"但你说："反正很近，你也顺便减肥。"

我生气，觉得你不爱我，不关心我。

第二天，我发现你留在桌上的你的车钥匙，以及为我准备的丰富的早点。

我告诉你说："我想去北海道，荷兰等地，欣赏那一大片壮观地花海。"本来以为你会关心地说："你想去哪，我们来计划。"即使敷衍几句也好，但你说："真无聊，花大把的银子去那种无聊的地方。"

我生气，觉得你不爱我，不懂我。

后来，我发现家里的旅游杂志，不管是国内还是国外的报道，只要有赏花介绍的那一页，页角就有折痕，里面就有你的笔记记录。

我告诉你说："我跟朋友出去，晚上会晚点回来。"本来以为你会关心地说："跟谁出去？小心点儿，记得拨电话或早点儿回家。"但你说："随便你，你高兴就好。"

我生气了，觉得你不爱我，不关心我。后来，我负气拖到深夜 3 点多回家，看到你坐在沙发上的睡容。

我告诉你："我的大姨妈来了，肚子好痛。"本来以为你会安慰我说："忍一忍，一天就过去了。"但你说："女人真麻烦，受不了。"

我伤心了，觉得你不爱我，不疼我。

后来，家里的零食柜里多了好多红豆，是你买的，但你一直没吃。直到一个月过去了。你在我月事的前后一星期，天天煮着红豆汤。

我告诉你说："我真高兴嫁了你，你是最好的老公。"本来以为你会开心地回答我说："我也是这么觉得，你是最好的老婆。"但你说："嫁了都嫁了，不然，你还想怎样？"

我生气，觉得你不爱我，不懂我。

后来，我无意中发现你在睡前用卫生纸擦拭床头那张 40 英寸地结婚照，然后望着照片傻笑好久。

我想我终于懂了，在你不在乎地外表下，有颗不善用言辞表达的心，一颗最爱我的心。原来你是爱我的，只不过不说。这是你爱的方式，跟大家不同。

加盐的咖啡

> 他不知道，她多想告诉他：她是多么高兴，有人为了她，能够做出这样的一生一世的欺骗……

他和她的相识是在一个宴会上，那时的她年轻美丽，身边有很多的追求者，而他却是一个很普通的人。因此，当宴会结束，他邀请她一块去喝咖啡的时候，她很吃惊，然而出于礼貌，她还是答应了。

坐在咖啡馆里，两个人之间的气氛很是尴尬，没有什么话题，她只想尽快结束，好回去。但是当小姐把咖啡端上来的时候，他却突然说："麻烦你拿点盐过来，我喝咖啡习惯放点盐。"当时，她都愣了，小姐也愣了；大家的目光都集中到了他身上，以至于他的脸都红了。小姐把盐拿过来，他放了点进去，慢慢地喝着。

她是好奇心重的女子，于是很好奇地问他："你为什么要加盐呢?"他沉默了一会，很慢地几乎是一字一顿地说："小时候，我家住在海边，我老是在海里泡着。海浪打过来，海水涌进嘴里，又苦又咸。现在，很久没回家了，咖啡里加盐，就算是想家的一种表现吧，可以把距离拉近一点。"她突然被打动了。因为，这是她第一次听到男人在她面前说想家。她认为，想家的男人必定是顾家的男人，而顾家的男人必定是爱家的男人。她忽然有一种倾诉的欲望，跟他说起了她远在千里之外的故乡，冷冰冰的气氛渐渐变得融洽起来，两个人聊了很久。并且，她没有拒绝他送她回家。

再以后，两个人频繁地约会，她发现他实际上是一个很好的男人，大度、细心、体贴、符合她所欣赏的所有优秀男人应该具有的特性。她暗自庆幸，幸亏当时的礼貌，才没有和他擦肩而过。她带他去遍了城里的每家咖啡馆，每次都是她说："请拿些盐来好吗？我的朋友喜欢咖啡里加盐。"再后来，就像童话书里所写的一样，"王子和公主结婚了，从此过着幸福的生活。"他们确实过得很幸福，而且一过就是四十多年。

故事似乎要结束了，如果没有那封信的话。那封信是他临终前写的："原谅我一直都欺骗了你，还记得第一次请你喝咖啡吗？当时气氛差极了，我很难受，也很紧张，不知怎么想的，竟然对小姐说拿些盐来，其实我不加盐的，当时既然说出来了，只好将错就错了。没想到竟然引起了你的好奇心，这一下，让我喝了半辈子的加盐的咖啡。有好多次，我都想告诉你，可我怕你会生气，更怕你会因此离开我。现在我终于不怕了，因为我就要死了，死人总是很容易被原谅的，对不对？今生得到你是我最大的幸福，如果有来生，我还希望能娶到你，只是，我可不想再喝加盐的咖啡了。咖啡里加盐，你不知道，那味道，有多难喝。咖啡里加盐，我当时是怎么想出来的！"

信的内容让她吃惊，他不知道，她多想告诉他：她是多么高兴，有人为了她，能够做出这样的一生一世的欺骗……

冰箱里的爱情

　　　　她是多么好的女孩啊！聪慧、贤淑、美丽、可人。他痛恨自己在此之前竟然没有发现这一点。

"我们分手吧。"他冷冷地说。她突然想哭……

大学毕业，她离开母亲温暖的怀抱，随他一起来到这创业者的天堂。她以为，能够与他在一起，就是幸福、人生和全部。可是现在呢？两滴晶莹的眼泪平行下坠，划破冰冷的夜，"吧嗒"一声，落花四溅。

"可以答应我一件事吗？"她的声音有些颤抖，有些哽咽。

"你说吧。"他的语气极不耐烦。

"让我保留你房间的钥匙。"她从手提袋里拿出一串钥匙，摆弄其中的一把。那是一把银白色的钥匙，在皎洁的月色下泛着浅浅的柔和的光……

之后的每个星期五，他下班回到家时，冰箱里依然像从前一样，总是填得满满的。水果、饼干、啤酒、饮料，凡是他想要的，伸手可及。她真的很傻。而他，心安理得地享受着。

接下来，他似乎终于找到了真正的属于自己的爱情和幸福。他为此而感到兴奋，激动不已，并更加坚信，当初和她在一起简直就是浪费青春年华。

然而激情过后，爱情，生活，一切都又归复平静。他没有钱，没有地位，也没有出众的容颜，唯一可以引以为豪的高学历，只在炫耀了几个月之后，便被滚滚而来的后来者挤进了历史。他一边大骂世道不公、真情不再，一边继续心安理得地享受她的傻，和她填在冰箱里的一切。

日子又过去一截。爱情、事业，仿佛一潭死水。他终于心灰意冷，万念俱灰。

某一天，当他打开冰箱想拿啤酒浇愁的时候，忽然想起好久没有见到她了。她是多么好的女孩啊！聪慧、贤淑、美丽、可人。他痛恨自己在此之前竟然没有发现这一点。明天是星期五……

果然是她。飘逸的长发，艳红的长裙，比当年更美更风情了。她放下装满了食物的手提袋，拉开冰箱。

一大捧火红的玫瑰，骄傲地蓬勃地绽放在冰箱里。玫瑰的旁边有一只红色的心形小盒，她犹豫了一下，然后小心翼翼地打开，是一枚银白色的铂金指环，她的眼中隐约有波光闪动。

这款名叫"月亮代表我的心"的指环，她心仪了许久。那时，他只在一旁扯着她的衣袖说，"快走，快走……"

　　她终于没有哭出声来，只是用纸巾拭了拭眼角，顿了顿，便又恢复了平静。把玫瑰取出，放在床头柜上，然后把带来的啤酒、水果和饼干依次填进冰箱，轻柔地合上。然后，带着那捧玫瑰从他眼前走了过去。

　　等她一出门，他迫不及待地拉开冰箱，里面堆满了食物。最上面的一层，放着那只心形的指环盒，他稳定一下自己的情绪，打开，那枚"月亮代表我的心"恬静地躺在里面，旁边，却是一把钥匙，泛着浅浅的柔和的光。

　　他突然想哭……

一碗辣椒的距离

　　　　　　　　　当所有人都可以用唇齿的缠绵表达
　　　　　　　爱的时候，她只能用眼睛，看着爱来了
　　　　　　　又去，去了又来。

　　他是一位心理咨询师，开着一家有名的心理咨询室。来咨询的，常常是情感遇到问题的年轻人。他接手的案例从来没有一次失手。口耳相传，他的名气越来越响，在杂志和电视台都有专栏，人们都把他当成爱情专家。很多时候，他自己也这样认为。

　　但是，他心里知道，有一个案例，他一直没弄明白，虽然花了比任何案例都多的时间和精力。

　　这个难以解决的问题，就是与他朝夕相处的她。他对她的喜欢，就像园丁喜欢一朵花，不由自主地呵护，再多也不觉得多。她对他的喜欢，全放在眼睛里，怎么盛都盛不住，满满地溢出来。但是，他确定，她不爱他。不爱的人，不肯亲吻。睁着眼睛亲吻的，绝不是爱情。

她越来越冷漠的态度、永远睁开的眼睛，令他备受伤害，终于弃城而逃。她固然倾城，却不是他的倾城。他以一个心理专家的冷静说，分手吧，你不爱我，有一天你会知道，当你找到一个可以令你闭上眼睛接吻的男人时。

他走的时候，她低着头坐在那里哭。3天后他回来取东西的时候，她仍坐在那里哭，姿势都没改变一点儿。

3个月后，他接到她的电话。她说，救救我。他像子弹一样冲上车。开车的时候，他想，她还是爱他，离开他根本活不下去。他看到她的时候，她奄奄一息，面前是一碗面条和一碗鲜红的辣椒。那碗面条的颜色，和那碗辣椒没什么分别。他把她送到医院，是胃出血。医生惊叹：她到底吃了多少辣椒，活活把胃烧穿出一个洞！他细心而体贴地照顾她，她好了以后，对他说：谢谢。他缓过神来，说：不客气。

转眼10年。他终于又爱上一个女人，而且她和他接吻的时候闭着眼睛。他马上结婚，不敢错过机会。

一次工作的机会，他偶然碰到当年的她。她仍然美得令人心跳。她静静地看着他笑，说：你好。他有点儿慌，下意识地摸摸婚戒说：你好。他请她在一家安静别致的小饭馆里午餐。"吃什么？"他问。"不辣就好。"他想起她的胃。他们聊天，他知道她结婚了，心里怪怪的。想：那是个什么样的男人呢？她喜欢和他接吻吗？和他接吻的时候，也睁着眼睛？恍惚间，他突然把手伸出去，握住她细腻的手指。她垂下眼睛看着他的手，用拇指点点他的手背，说："我第一次看见他就知道，我可以放心地告诉他一个秘密，12岁的时候，我吃错了药，从此再也没有味觉。我知道接吻是美妙的，但是，到底有多美呢？是不是就像我永远不知道辣椒有多辣？"

他猛然惊醒。他们在一起的时候，她对食物完全没有意见，吃东西都随着他，随便什么味道。吃麻辣火锅时，他咝咝地吸着冷气，她却泰然自若。她常常在他面前大勺大勺往食物里浇辣椒。甚至他买的怪味豆，都不能令她表情皱一下。她希望他能注意到，问一句，她就有勇气说出来。他却忽略一切，只以一个心理学家的敏感，看到她睁大的眼睛。

当所有人都可以用唇齿的缠绵表达爱的时候，她只能用眼睛，看着爱来了又去，去了又来。

他和她，只隔了一碗辣椒的距离。

爱情到底长什么样

> 寒冷的冬夜里，他们埋头分享一碗
> 面，两颗头紧紧地靠在一起，那是分享
> 无言的亲昵，也是分享无比的温暖。

她有一个条件很不错的男朋友：家世清白，背景良好，本人又是经理，时下的高尚职业，开银色的马自达，在市中心的高层建筑里有一套自己的公寓。大家都很羡慕她，只是她自己总觉得他们之间差了一点什么。

她们每个星期约会一次，在高级餐厅吃饭，在星巴克喝咖啡，然后去保利剧院看一场歌剧或者演出。他很绅士，她很淑女，两个人彬彬有礼地交换一下对最近的天气和股市的意见，气氛不愠不火。

这样下去也许会结婚吧，她想，心里却已经隐隐地觉得有一点累了。

有一个冬天，很晚了，他送她回家，经过一个路口的时候正是红灯。他把车停下来等待。她百无聊赖地转过头看窗外，无意中看见路边的大排档上，坐着一对情侣。

大排档非常的简陋，他们就坐在面对马路的一个条凳上。那两个人还很年轻，男孩子在女孩子耳边轻轻地说着什么，女孩子吃吃地笑，那样灿烂的笑容，似乎让昏暗的灯光也变得明亮起来了。

她注意到，桌子下面，男孩子一直握着女孩子的一只手。

这个时候，老板端过来一大碗热气腾腾的汤面。隔着车窗，她似乎也能感觉到面的热度。男孩子小心翼翼地接过汤面放在两个人的中间，细心地给女孩子掰开一双筷子，两人相视一笑，开始一起吃面。

是的，他们在分食一碗面。也许是因为他们太穷，也许只是她在撒娇，然而对他们来讲，那似乎是驾轻就熟的事情。趁女孩不注意，男孩轻轻地把碗向她推近一点，好让她取食方便。寒冷的冬夜里，他们埋头分享一碗面，两颗头紧紧地靠在一起，那是分享无言的亲昵，也是分享无比的温暖。

她忽然觉得眼睛有点湿了，她看见桌子下面，他们的手，一直没有分开过。

她很快跟男友提出了分手，所有的人都笑她傻。

只有她知道自己见过爱情的模样。有时候，那只是寒冷的夜里，一碗简单的热汤面。

爱人的心是钻石做的

心里竟有一丝丝的疼，是那种被幸福撑得太满的心疼，疼也心甘。

有那么一位心清似水的台湾女人，婉约地讲起她的爱情观：

"爱一个人，就是在他的头衔、地位、学历、经历、善行、劣迹之外，看出真正的他不过是个孩子——好孩子或坏孩子——所以疼了他。"

看到这段话时，挥像个玩累了的孩子，乖巧地倚在我的一边睡着了。本想念给他听的，后来想想，这些文字只不过是唤起了女人间的共鸣。

于是，轻巧巧地拨开他，伏到案头，决心为他写些什么，就像老师在期末给学生下个评语，就像家长在人前信口拈来一些琐事……

挥是学数学的，而且在海外呆了很多年。他的语言毛毛糙糙的，有一些洋化的浪漫成分，也有时因使用得不多而显得生疏，显得别扭，显得格外地有点创意。

比如说刚刚开始的时候我们分居两地，常常靠电话联络。电话里，我总是会问："想不想我？有多想？"挥的回答便是那种怪怪的话语。他说："当然想了，几想。"开始没听明白也没想明白，后来才恍然大悟，哦，几想，几在数学里代表了无限的意思，几想，就是怎么想也想不够的意思。于是夸他聪明、有灵气。后来我又问他："是不是越来越依恋我了？"他便掷地有声地回答："是，太是了。"哦，一个"是"字还不够，还要加个极言其深的形容词，难得他脱口而出的这份别致。

总打电话也不是个事啊，我们便找机会能够相聚。他一下子变得非常忙碌，问他为什么？他说，很多事情要浓缩起来处理啊。我说别累坏了自己。他又说："我现在所做的努力，就是为能早一分钟见到你。"不是早一天，不是早一个小时，是早一分钟。我们平日挥霍的光阴似水流年，而现在盼得久了，恋得苦了，竟是一分钟也不可以错过。这或许是学数学的人特有的时间概念，严谨、缜密，又满是细微处洒出来的真情，不经意间流露的实意。

终于见面了。我见到挥用的毛巾毛已经稀拉拉的了，便让他换条新的。挥说："一直舍不得扔，就是因为它是你曾经用过的，上边有你的气息，是那种吸引我的气息。"他像一个听话的小孩，清清楚楚、一字不落地陈述完所有的理由。叫人又怜又爱，叫人止不住地还再爱下去。

我又该出远门了。每当我走的那一天，挥总是特别的忙——为我买这买那，累得辛辛苦苦还要把我送到机场。临进安检的时候，我就叮嘱他：晚上别去上夜班了，给别人挂个电话让人代个班，你早点歇着吧。挥答应了。待我到达目的地了，接到挥的电话，他竟又在办公室里了。我有些嗔怨，他却振振有词。他说："我必须给自己找点事情做。从你转身进安检门的时候，我就止不住想你，想你是一件比上夜班还要辛苦许多倍的事情。"隔着千里之遥，挥也可以把我的眼泪给说出来。

夜很深很深了，挥又挂过一个电话来说他翻来覆去睡不着。他说，他忽然发觉家里的床实在太大太大了，只有两个人来睡才不觉得浪费——这是一个数学博士的严谨呢，还是一个爱人的亲昵？心里竟有一丝丝的疼，是那种被幸福撑得太满的心疼，疼也心甘。

有一首歌，很早以前流行过一阵子，其中一句歌词说，"爱人的心是玻璃做的"，词作者的初衷是玻璃心易碎，要好好呵护。其实，我想真正的爱人的心，是不是容易碎并不重要，最重要的是，它是透明的，它是清澈的，它有一种坚硬的纯净，锤炼得久了，就是一颗坦荡荡的钻石心。

还是那个心清如水的台湾女人，她还要婉约地启迪我：

"我们只有这一生，这是我们唯一的筹码，我们要合在一起下注。

"我们只有这一生，这是我们唯一的戏码，我们要同台演出。"

这段话是写给相爱的男人和女人的，等挥醒来，我要念给他听。

爱情色盲

> 有一个看不见自己的疤痕，细心呵护疼爱她的人，已经足够。别人的眼光算得了什么呢？

如果只是站在妮菲索背后，你一定会认为那是个异常美丽的姑娘——散发出淡淡薰衣草香味的窈窕身段、一头漆黑的长发如瀑布般直泻到腰间……但当你从妮菲索身后绕到她前面时，恐怕会大失所望甚至惊恐地张大嘴巴。一大块深紫色的印记，肆意地爬在妮菲索的左脸以及半个下巴，她原本精致的五官、完好的皮肤也因为这一切被磨灭甚至丑化，这块胎记随着妮菲索年龄的增大越来越明显。

在其他女孩都有男孩写情书送玫瑰的时候，妮菲索的生活却一直被那块深紫色的阴影笼罩着。

等到妮菲索长成一个身材高挑发育完全的大姑娘时，她脸上的紫色疤痕也变得更大更触目惊心，她把大部分精力都花在了学习和工作上。妮菲索开始给一些报纸杂志写文章，她优美的文字迅速被许多人欣赏，有的男生甚至跟她写信要求见面，但当他们知道妮菲索的脸上有显赫的疤痕时，又大多选择了沉默。除了一个叫约瑟夫的男生，他读遍了妮菲索写的文章，并且喜欢跟妮菲索交流读后感，渐渐地，他们成了好朋友。当约瑟夫要求见面时，妮菲索以各种理由推辞了，遭受过多次打击的妮菲索已经没有勇气面对任何陌生男孩，她不想轻易失去这个朋友。

不久，约瑟夫大学毕业，回伦敦继承了父亲的公司。尽管约瑟夫公务繁忙，但他仍然关注妮菲索发表的每篇文章，而且依然保持一周给她写一封信的习惯。妮菲索第一次见到他，是在一个电视的采访中，因为约瑟夫讲到了他们的友谊。那一刻，妮菲索突然面颊绯红，在此之前，她只知道约瑟夫是个幽默能干的男孩，可现实中的他那么高大英俊，而且有着显赫的事业。

短暂的激动之后妮菲索马上清醒了：他是不会爱上我的！如果要维持现在这种友谊，只能永远不见面。以后每次在电视或杂志上看到约瑟夫时，这个自卑的姑娘都忍不住偷偷啜泣，妮菲索的生活又走入了极度的惶恐和自卑中。

其实，经过几年的通信，约瑟夫早就对妮菲索有了一种爱慕之情。回到伦敦不久，他就给妮菲索写信要求见面。可是妮菲索却很坚决地拒绝了他。约瑟夫再次写信表达爱意，妮菲索竟然不再跟他联系了。妮菲索的文字那么积极外向，而且他们已经有了多年的友谊，即使她不喜欢自己，见个面也没什么大不了啊。约瑟夫想知道原因，于是托朋友帮忙打听妮菲索的消息。

约瑟夫终于知道妮菲索为什么不愿和自己见面了。接下来的一个多月，约瑟夫不再给妮菲索写信，但对她的思念和担心却一天甚似一天。她坚持了几年的一个专栏突然终止了，朋友告诉约瑟夫，原本乐观的妮菲索变得异常憔悴，常常一个人偷偷饮泣……约瑟夫陷入对妮菲索既思念又恐慌的矛盾旋涡中，他不知道怎样面对那个可怜的姑娘。经过一番深思熟虑，约瑟夫决定做一次大胆尝试。

第二天，约瑟夫给妮菲索写信，说自己这段时间被色盲症困扰到国外接受了治疗。"但是很糟糕，色盲那玩意儿看来是无药可治了。"当妮菲索收到这封信时，她几乎不敢相信自己的眼睛，约瑟夫竟然是色盲，那就意味着即使跟他见面，他大概也不会发现自己脸上的紫色疤痕。妮菲索终于和约瑟夫见面了。约瑟夫从看到妮菲索的第一眼起始终温和地微笑着，眼睛一直追随着妮菲索的身影。看来约瑟夫真的是色盲，因为他夸赞自己时没有丝毫的造作，那是世界上最真诚最美丽的赞美。他们虽然是第一次见面，但在彼此心里他们早已心心相印，妮菲索终于得到了她梦想的爱情。

那晚，兴奋和感动让妮菲索无法入睡。她试着走近多年都没有触击的镜子，一步一步走近，她看见镜子里的自己，满脸荡漾着幸福。原本让妮菲索恐慌的疤痕，现在看起来居然不那么可怕了。约瑟夫开始投入到色盲的生活中，他常常故意把深紫色的茄子说成是灰色；他甚至尝试穿一些色彩鲜艳怪异的衬衫，像孩子一样让妮菲索给他指点颜色……和约瑟夫一起走在大街上时，妮菲索也学会了用微笑坦然面对周围异样的目光。有一个看不见自己的疤痕，细心呵护疼爱她的人，已经足够。别人的眼光算得了什么呢？

不久，在朋友的帮助下，妮菲索到国外接受了治疗。那块伴随她22年的疤痕终于离她而去，再见到约瑟夫时，他一如既往地保持着温和的微笑，他当然发现不了自己的变化，在一个色盲人眼里，脸上有无一块紫色印记有多大区别呢？

约瑟夫微笑如初地看着这一切，是的，妮菲索现在漂亮极了，"色盲"约瑟夫，有好几次都忍不住想夸夸妮菲索穿的那件深紫色婚纱，他无法抑制自己用所有漂亮的颜色来形容妻子的美丽。但即使她依旧是那个有着深紫色疤痕的女子，他也爱她如初……

爱与真心付出

爱首先是给予，是让对方幸福快乐，

如果有一方不如此，爱情就成为一只脆
弱的空玻璃瓶子，一碰就会碎。

喜欢听广播里的情感谈话节目，记得有人曾说过："聪明人不是每件
事都要亲力亲为，不是每个风浪都去撞得头破血流，而是从别人的经历
中吸取经验和教训，睿智地走好自己的路。"我的情感经历并不丰富，所
以，我更愿意听别人的经历。

今天打电话的是一个女孩，她有些忧伤，她说她的男友得了癌症，
因为是早期正在治疗，但她不知道他能够活多久。她很难过，也很犹豫。
因为他们的感情很好，她舍不得分手。如果分手，她怕再找不到如此爱
她的男友。但是不分手，她怕男友活不长，留下她一个人会是多么孤独；
或当他男友离开人世的时候，她已不再年轻，想再找一个如意的伴侣也
难了。她问主持人，她应该怎么办？是坚持还是放弃？她既不想放弃这
段感情，又怕男朋友和她不能长久……

主持人说："你真是太自私了，什么都想要，什么都不想放手，贪婪
的人最痛苦。"

女孩沉默几秒钟说："我是希望得到长久的幸福，让他照顾我，又担
心他活不长，我现在放弃了又可惜。"

听到这里，我想，这个女孩简直把自私和贪婪演绎到了极致，贪婪
的人最痛苦，没错。何止是爱情，生活中许多事情莫不如此，因为贪心
而欲罢不能，最终的结果就是沦陷在痛苦之中。

女孩只想索取，不想承担责任，她不会得到真正的幸福，因为爱一
个人就是为他真心付出，她却不懂这个道理。也许那个男孩太爱他的女
友，所以宠坏了她。当他得了癌症，女友还在为她自己患得患失，全然
没有考虑男友的感受。也许她的男友在人世活不了多久，她其实应该让
他在活着的时候更快乐些。

爱上一个自私的人，也许比爱上一个不回家的人好不了多少。我不
知道女孩最终的抉择是什么，但是我知道，她和她的男友都不会幸福。

爱首先是给予，是让对方幸福快乐，如果有一方不如此，爱情就成
为一只脆弱的空玻璃瓶子，一碰就会碎。

给爱一个台阶

幸福有时候只需要一个台阶，无论
是他下来，还是你上去，只要两个人的心
在同一个高度和谐地振动，那就是幸福。

那年，她刚刚 25 岁，鲜活水嫩的青春衬着，人如绽放在水中的白莲花。唯一的不足是个子太矮，穿上高跟鞋也不过一米五多点儿，却心高气傲地非要嫁个条件好的。是相亲认识的他，一米八的个头，魁梧挺拔，剑眉朗目，她第一眼便喜欢上了。隔着一张桌子坐着，却低着头不敢看他，两只手反复抚弄衣角，心像揣了兔子，左冲右撞，心跳如鼓。

两个人就爱上了，日子如同蜜里调油，恨不得 24 小时都黏在一起。两个人拉着手去逛街，楼下的大爷眼花，有一次见了他就问：送孩子上学啊？他镇定自若地应着，却拉她一直跑出好远，才憋不住笑出来。

他没有大房子，她也心甘情愿地嫁了他。拍结婚照时，两个人站在一起，她还不及他的肩膀。她有些难为情，他笑，没说她矮，却自嘲是不是自己太高了？摄影师把他们带到有台阶的背景前，指着他说，你往下站一个台阶。他下了一个台阶，她从后面环住他的腰，头靠在他的肩上，附在他耳边悄声说，你看，你下个台阶我们的心就在同一个高度上了。

结婚后的日子就像涨了潮的海水，各自繁忙的工作，没完没了的家务，孩子的奶瓶尿布，数不尽的琐事，一浪接着一浪汹涌而来，让人措手不及。渐渐地便有了矛盾和争吵，有了哭闹和纠缠。

第一次吵架，她任性地摔门而去，走到外面才发现无处可去。只好又折回来，躲在楼梯口，听着他慌慌张张地跑下来，听声音就能判断出，他一次跳了两个台阶。最后一级台阶，他踩空了，整个人撞在栏杆上，"哎哟哎哟"地叫。她看着他的狼狈样，终于没忍住，捂嘴笑着从楼梯口跑出来。她伸手去拉他，却被他用力一搋，跌进他的怀里。他捏捏她的鼻子说，以后再吵架，记住也不要走远，就躲在楼梯口，等我来找你。她被他牵着手回家，心想，真好啊，连吵架都这么有滋有味的。

　　第二次吵架是在街上，为买一件什么东西，一个坚持要买，一个坚持不要买，争着争着她就恼了，甩手就走。走了几步后躲进一家超市，从橱窗里观察他的动静。以为他会追过来，却没有。他在原地待了几分钟后，就若无其事地走了。她又气又恨，怀着一腔怒火回家，推开门，他双腿跷在茶几上看电视。看见她回来，仍然若无其事地招呼她：回来了，等你一起吃饭呢。他揽着她的腰去餐厅，挨个揭开盘子上的盖，一桌子的菜都是她喜欢吃的。她一边把红烧鸡翅哂得满嘴流油，一边愤怒地质问他：为什么不追我就自己回来了？他说，你没有带家里的钥匙，我怕万一你先回来进不了门；又怕你回来饿，就先做了饭……我这可都下了两个台阶了，不知道能否跟大小姐站齐了？她扑哧就笑了，所有的不快全都烟消云散。

　　这样的吵闹不断地发生，终于有了最凶的一次。他打牌一夜未归，孩子又碰上发了高烧，给他打电话，关机了。她一个人带孩子去了医院，第二天早上他一进门，她窝了一肚子的火噼里啪啦地就爆发了……

　　这一次是他离开了。他说吵来吵去，他累了。收拾了东西，自己搬到了单位的宿舍里去住。留下她一个人，面对着冰冷而狼藉的家，心凉如水。想到以前每次吵架都是他百般劝慰，主动下台阶跟她求和，现在，他终于厌倦了，爱情走到了尽头，他再也不肯努力去找台阶了。

　　那天晚上，她辗转难眠，无聊中打开相册，第一页就是他们的结婚照。她的头亲密地靠在他的肩上，两张笑脸像花一样绽放着。从照片上看不出她比他矮那么多，可是她知道，他们之间还隔着一个台阶。她拿着那张照片，忽然想到，每次吵架都是他主动下台阶，而她却从未主动去上一个台阶。为什么呢？难道有他的包容，就可以放纵自己的任性吗？婚姻是两个人的，总是他一个人在下台阶，距离当然越来越远，心也会越来越远。其实，她上一个台阶，也可以和他一样高的啊。

　　她终于拨了他的电话，只响了一声，他便接了。原来，他一直都在等她去上这个台阶。

　　幸福有时候只需要一个台阶，无论是他下来，还是她上去，只要两个人的心在同一个高度和谐地震动，那就是幸福。

说　　明

　　本书编委会已委托中国文字著作权协会代理版权事宜，相关稿酬已预存至此。需要指出的是，由于联系方式的问题，至今未能与书中个别作者取得联系，冒昧将文章选入书中，还请作者及相关人士给予谅解。凡认定自己是入选本书文章的作者，敬请联络 010-65978905，只要情况属实，我们将按国家有关规定支付稿酬并赠送样书。同时，您也可以联系我们委托的律师事务所沟通相关事宜。

　　电子邮箱：daidaidu@126.com　　电话：010-65003907

　　联系人：李媛　律师

编者

2015 年 7 月